ESSAI SUR LES DISCOURS

DE

MACHIAVEL

AVEC LES CONSIDÉRATIONS

DE

GUICCIARDINI

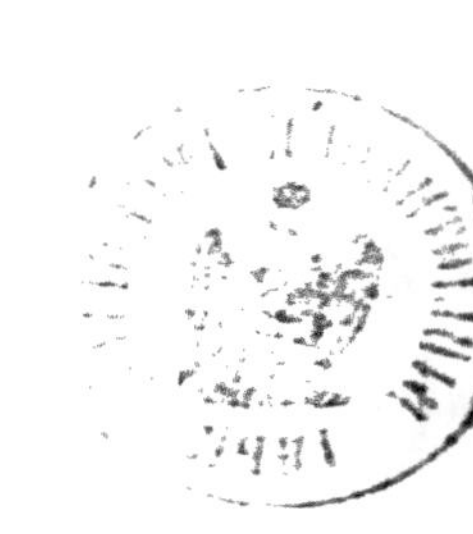

ESSAI SUR LES DISCOURS

DE

MACHIAVEL

AVEC LES CONSIDÉRATIONS

DE

GUICCIARDINI

PAR

VICTOR POIREL

« Atque ego in ea vita, multa legendo atque audiendo, ita
« comperi omnia regna, civitates, nationes, usque eo prospe-
« rum imperium habuisse, dum apud eos vera consilia value-
« runt. »

(SALLUSTE.)

SAINT-NICOLAS

(MEURTHE)

IMPRIMERIE POLYTECHNIQUE DE P. TRENEL

1869

En 1848, je m'étais mis à relire les Discours de Machiavel sur Tite-Live. Après le renversement d'une monarchie et l'établissement d'une république, ils devenaient un ouvrage de circonstance où l'auteur, pilote expérimenté non moins qu'habile manœuvrier, donne toutes les instructions à suivre en pareille conjoncture pour mettre le navire à flot, le gouverner à travers les écueils et le conduire à bon port. Afin de mieux fixer mes idées, je jetai sur le papier les réflexions qui me venaient à l'esprit et, réunissant ces notes éparses, j'en composai une série d'études relatives aux Discours, à ceux entre autres qui présentaient plus particulièrement un intérêt d'actualité.

Plus tard, en 1857, me trouvant à Florence, au moment où parut le premier volume des œuvres inédites de Guicciardini, dans lequel se trouvent des *Considérations relatives aux Discours*, j'eus la satisfaction de constater qu'elles s'appliquaient, en très-grande partie, aux mêmes chapitres que j'avais choisis entre les trente premiers, pour les analyser et les commenter. Amené par cette coïncidence à revoir mon travail, je me décide aujourd'hui, après y avoir opéré quelques additions et remaniements, à le livrer au public. Il s'adresse surtout à la jeunesse instruite, laborieuse, sérieusement préoccupée de se préparer à remplir les devoirs qui l'attendent dans la vie civile et politique. Je me suis proposé de l'initier à l'étude de l'un des ouvrages sans contredit les mieux appropriés à ce but, de lui faire connaître un écrivain d'un admirable génie, avec la précaution toutefois de la prémunir contre des doctrines dangereuses, corruptrices, puisées dans le milieu et dans le temps où il vivait. Dégagés de cet élément délétère, les Discours deviennent pour l'esprit une nourriture aussi saine que fortifiante.

La réflexion que j'emprunte à Salluste, pour en faire l'épigraphe placée en tête de cet opuscule, en explique l'origine et le but. Simple ébauche, bien imparfaite, d'une œuvre incontestablement utile, elle sera, je l'espère, reprise et achevée par des mains plus habiles. Telle qu'elle est, elle n'a de valeur que par la pensée qui l'a inspirée. L'auteur ne se fait, à cet égard, aucune illusion ; il a voulu simplement remplir, dans la mesure de ses forces, ce qu'il croit être un devoir. Que ce soit là son titre à l'indulgence de la critique!

V. P.

PRÉFACE

Les générations se lèguent les unes aux autres
le patrimoine accumulé de leur expérience, consi-
gnée dans les ouvrages ou conservée par la tradition. De là, — indépendamment de la curiosité bien
naturelle qui nous porte à connaître la série des événements accomplis avant notre existence, — l'intérêt qui s'attache à l'histoire, en quelque sorte
sa valeur d'utilité. En l'étudiant pour comparer
les hommes et les choses de différents pays, de
diverses époques, on déduit de cette comparaison,
par de judicieux rapprochements, des analogies et
des règles pour la conduite des affaires politiques.

C'est ainsi que Machiavel a composé ses Discours. « Il n'a guère emprunté à Tite-Live, » dit
Macaulay, « qu'un petit nombre de textes qu'il aurait aussi bien pu extraire de la Vulgate ou du Dé-

caméron. » Après cette assertion paradoxale, sous sa forme humouristique, il ajoute : « Toutes les pensées sont originales (1). » En effet, par la sagacité des aperçus, par la profondeur des vues, par la richesse des développements et l'enchainement des déductions, ils jettent un jour nouveau sur tous les sujets que l'homme d'État embrasse dans ses méditations. Aussi, Montesquieu les avait-il beaucoup étudiés, — car il leur a beaucoup emprunté, — et ils lui ont incontestablement fourni l'idée première de son livre sur *les Causes de la grandeur et décadence des Romains*. Ils ne furent pas moins appréciés de Guicciardini, le célèbre historien, l'ami, le compagnon de gloire de Machiavel dans l'art des négocia-

(1) *Machiavel et l'Italie*, traduit par **M. Guillaume Guizot**, p. 47.
Un écrivain de nos jours, déjà connu par des productions d'un autre genre, M. Paul Deltuf, dans son *Essai sur les œuvres et la doctrine de Machiavel* (p. 441), considère les Discours en somme comme un ouvrage assez faible et l'un des plus faibles du publiciste florentin, « ne craignant pas, dit-il, de froisser ainsi l'opinion généralement reçue. » Macaulay, qu'il cite à l'appui de son appréciation personnelle, en rapportant incomplétement le passage précité, est, comme on le voit, d'un avis tout à fait contraire au sien.

tions et de la guerre (1), qui a laissé dans ses manus-
crits, des *Considérations relatives aux discours sur
Tie-Live* (2). Elles ajoutent beaucoup à l'intérêt
qu'offre par lui-même le texte sur lequel elles portent.

Le travail que je publie renferme vingt-cinq discours. Séparés, ou réunis lorsqu'ils traitent le même
sujet, ils sont analysés sommairement. Puis, je donne
le résumé de Guicciardini, pour les chapitres com-
pris dans ses Considérations. Ainsi, l'on a sous les
yeux, fidèlement reproduite, la substance de la
discussion à laquelle, à propos de l'histoire romaine, se livrent les deux publicistes florentins sur
les questions les plus ardues de la science politique. Viennent ensuite des observations dans les-

---

(1) Voyez le jugement porté sur Guicciardini par **M. Thiers,**
comme lui tout à la fois historien et homme d'État illustre. *Histoire
du Consulat et de l'Empire.* Avertissement.

(2) Elles font partie des *œuvres inédites de François Guicciardini,* commentées par Joseph Canestrini et publiées par les comtes
Pierre et Louis Guicciardini, Florence, 1857. Elles comprennent
en tout trente-neuf chapitres qui correspondent au même nombre de
discours de Machiavel. Le même volume contient les *Souvenirs
politiques et civils.* Il mérite d'être traduit dans notre langue.

quelles, profitant de ce qu'ils m'ont appris et dé-
gagé de tout esprit de parti, d'idées préconçues,
je cherche la vérité sur les affaires de mon temps,
j'aborde les problèmes qui intéressent l'avenir de
la démocratie moderne. « Machiavel et Guicciardini, dit M. Botta (1), sont des fanaux au milieu
de la mer tempétueuse des passions humaines,
deux fanaux sur lesquels celui qui gouverne et
celui qui simplement vit dans ce monde de folies
et de douleurs, doivent toujours avoir l'œil fixé
pour ne pas tomber sur les écueils. Tous deux
sont plus utiles qu'aucun autre historien, parce
qu'ils enseignent très-bien, et comment on perd
les Empires, et comment on perd la liberté. » C'est
d'après eux que je constate les fautes commises
par nos divers gouvernements : c'est à la lueur de
leurs leçons que j'aperçois combien la sagesse, la
prévoyance, non moins que le bonheur, ont manqué

(1) *Prefazione della storia d'Italia continuata da quella del
Guicciardini.* 1832.

à la politique de la France (1). J'appuie de leur autorité cette vérité éternelle, que le despotisme, — la
concentration de tous les pouvoirs publics entre
les mêmes mains, — fait de la destinée de toute une
nation un jeu où règne le hasard, où l'impéritie,
l'entêtement, le caprice, l'esprit faux, aventureux,
les passions non contenues d'un seul homme, peuvent amener les plus mauvaises chances et conduire à d'irréparables désastres : que la liberté
seule bien équilibrée entretient, fortifie la vie des
peuples, assure leur grandeur. Cet axiome se reproduit presque à chaque page des discours : et si
l'ambition, l'enivrement du pouvoir n'obscurcis-
saient l'intelligence, on ne saurait s'expliquer que

(1) Une notice qui est en tête des *Institutions du droit de la
nature et des gens* de M. de Rayneval, publiées en 1803 et réé-
ditées en 1832, nous apprend que dans ses dernières années, il s'oc-
cupa d'un commentaire sur les Discours, dans lequel il jugeait les
événements de son époque d'après les principes posés par Machiavel, mais que ce travail est resté trop imparfait pour qu'on ait
pensé à le livrer au public. Il eût été sans aucun doute des plus
instructifs, en raison de la longue expérience et de la situation particulière de l'auteur.

le livre de Machiavel eùt aussi peu profité à Napoléon. Il le tenait en très-haute estime (1) ; c'est
en y pensant qu'il disait avec une brièveté impériale, singulièrement tranchante : « Tacite a fait des
romans, Gibbon est un clabaudeur, Machiavel est
le seul livre qu'on puisse lire. (2) » Et cependant
nul, même parmi les *idéologues*, ne qualifie plus
sévèrement César qu'il appelle un homme exécrable
(*detestabile*) (3), pour avoir détruit la République
et fondé l'Empire.

Il n'est personne qui ne comprenne combien il
importe, surtout dans les pays démocratiques, en
possession du suffrage universel, aspirant à se gou-

(1) Dans une lettre datée de Bayonne, le 17 juillet 1808, M. le
baron Menneval adressant à M. Louis Barbier, au nom de l'Empereur, des instructions pour la composition de sa bibliothèque de
voyage, disait : « On peut mettre comme histoire, *les Discours de
Machiavel sur Tite-Live, l'Esprit des lois, la Grandeur des
Romains ;* » *Machiavel*, par A.-F. Artaud, t. 2, p. 459. Le livre
de M. Artaud est un des meilleurs que l'on puisse consulter pour bien
connaître Machiavel et les divers jugements portés sur ses ouvrages.

(2) De Pradt. *Histoire de l'Ambassade en Pologne.*

(3) *Discours,* chap. X. On lit dans la préface de l'histoire de

verner eux-mêmes, de répandre les idées saines, les notions positives sur les questions principales qui touchent à l'organisation des sociétés, à la conduite de leurs affaires. Lorsque chacun dans ses votes, dans ses conversations, dans les réflexions que lui suggère la lecture quotidienne de son journal, fait bon gré mal gré de la politique, il en fera nécessairement de la mauvaise, s'il ne l'a préalablement apprise, comme on apprend toutes choses, même les plus simples, à parler, à lire, à écrire, à compter. La partie éclairée de la nation, celle qui a reçu les bienfaits d'une éducation libérale, s'effraierait moins des utopies, si elle se trouvait en mesure de les combattre victorieusement, d'exposer au grand jour tout ce qu'elles ont d'impraticable. Mais pour y réussir, elle est tenue préalablement de se faire à elle-même sur les questions politiques ou sociales , — qui se confondent,

Jules César : « Trop d'historiens trouvent plus facile d'abaisser les hommes de génie que de s'élever par une généreuse inspiration à leur hauteur, en pénétrant leurs vastes desseins. Ainsi pour César, etc. » Cette réflexion va droit à l'adresse de Machiavel.

quoiqu'on en dise (1), — des convictions vigoureuses et inébranlables, au lieu de se contenter de ces opinions flottantes, indécises, qui nous laissent envahir par le scepticisme et l'indifférence en matière d'intérêt public, nous livrent sans défense aux considérations personnelles, aux calculs égoïstes, aux transactions, aux capitulations contraires à nos devoirs de citoyens, à notre dignité d'hommes. A ce point de vue, il est utile de montrer, en prenant pour guides les deux plus grands historiens et publicistes qu'ait produits l'Italie, comment la politique, — dont l'enseignement négligé parmi nous tient une grande place dans d'autres pays, en Angleterre, en Allemagne, par exemple, — peut se combiner avec l'étude de l'antiquité classique.

(1) La science sociale ou *Sociologie*, comme l'a nommée Auguste Comte et comme la désignent anjourd'hui les anglais (*Sociology*), n'est autre chose que la *Politique positive*.

DÉDICACE

A

ZANOBI BUONDELMONTI ET COSME RUCELLAI

« Je vous envoie un présent qui, s'il ne correspond pas aux obligations que j'ai envers vous, est sans doute tel que Nicolas Machiavel n'a pas pu vous en envoyer un plus grand. J'y ai exprimé tout ce que je sais, tout ce que j'ai appris par une longue pratique et une continuelle lecture des choses de ce monde ; ni vous, ni d'autres ne peuvent désirer davantage de moi. Vous ne pouvez donc pas vous plaindre, si je ne vous ai pas donné mieux ; mais seulement vous fâcher de la pauvreté de mon esprit, quand mes narrations sont pauvres, et de la fausseté des jugements, quand, en discourant en diverses parties, je viens à me tromper.

« Je suis sorti de l'usage commun à ceux qui écrivent et qui ont coutume de dédier leurs ouvrages à quelque prince. Ces auteurs, aveuglés par l'ambition et par l'avarice, le louent pour toutes ses qualités vertueuses, quand ils devraient le blâmer de tous ses défauts honteux. Pour ne pas tomber dans cette erreur, j'ai choisi, non ceux qui sont princes, mais ceux qui, par une infinité de mérites, seraient dignes de l'être, non ceux qui pourraient me couvrir de grades, d'honneurs et de richesses, mais ceux qui, ne le pouvant pas, voudraient le faire. Les hommes qui désirent juger droitement doivent estimer ceux qui sont et non pas ceux qui peuvent être libéraux, et de même ceux qui savent et non pas ceux qui, sans savoir, peuvent gouverner un État. »

———————

OBSERVATIONS SUR LA DÉDICACE

Machiavel avait dédié son livre du *Prince* au
jeune Laurent de Médicis. « Désirant, lui disait-il,
m'offrir à votre Magnificence avec quelque témoignage de mon dévoûment pour elle, je n'ai rien
trouvé dans ma possession qui me fût plus cher et
que j'estimasse autant que la connaissance des actions des grands hommes, apprise par moi dans une
longue expérience des choses modernes, et dans
une lecture continuelle des choses antiques : y ayant
longtemps réfléchi, les ayant bien examinées, et les
ayant réduites en un petit volume, je les envoie à
votre Magnificence. Quoique je juge cet ouvrage
indigne de vous, je pense cependant, me confiant
en votre bienveillance, que vous daignerez l'accepter, si vous considérez que je ne puis pas vous offrir

un plus grand don, que de vous faire entendre en peu de temps ce que j'ai appris en tant d'années au milieu de tant de désastres et de périls. Cet ouvrage, je ne l'ai pas orné de passages étendus, ni de paroles ampoulées et brillantes, ou de quelqu'autre parure ou ornement extrinsèque, par lesquels quelques-uns ont coutume d'embellir leurs productions ; j'ai voulu qu'aucune parure ne l'honorât, ou que seulement la variété de la matière et la gravité du sujet le rendissent agréable.

« Si votre Magnificence, du haut de son élévation, tourne ses yeux sur des lieux plus bas, Elle connaîtra quelle est l'indignité de la continuelle malignité de fortune que je supporte. »

Dans une lettre célèbre que, deux années auparavant, en 1513, il adressait de sa villa de San-Casciano, près de Florence, à son ami François Vettori, ambassadeur à Rome, il explique sans détour que son but est d'obtenir un emploi. Voici ses propres paroles : « La nécessité qui me poursuit me force à donner mon opuscule des Principautés à Julien de

Médicis, parce que je me consume, et que je ne peux pas rester longtemps ainsi, sans que la pauvreté me rende méprisable. Après, j'aurais le désir que ces seigneurs Médicis commençassent à m'employer, quand ils ne devraient d'abord que me faire rouler une pierre. Si, ensuite, je ne gagnais pas leur bienveillance, je me plaindrais de moi ; et dans cette production, si elle était bien lue, on verrait que les quinze ans que j'ai consacrés à étudier l'art du gouvernement, je ne les ai passés ni à dormir ni à jouer. Chacun devrait avoir à cœur de se servir de quelqu'un qui aurait acquis de l'expérience aux dépens des autres. Quant à ma foi, on ne devrait pas en douter, parce que l'ayant toujours gardée, je ne dois pas apprendre à la rompre. Qui a été fidèle et bon pendant quarante-trois ans, que j'ai à présent, ne doit pas changer de nature : mon indigence est le garant de ma fidélité et de ma bonté (1). »

(1) Cette lettre, si curieuse à tous égards, renferme des détails intéressants à connaître sur le genre de vie de Machiavel dans sa

En rapprochant cette dédicace, ainsi motivée, de celle des *Discours* adressée, non plus à un prince, mais à des amis, entre autres à Cosimo Rucellai, le jeune et aimable interlocuteur des dialogues qui composent les sept livres sur l'Art de la guerre, il est impossible de n'être pas frappé de leur contraste. On voit que l'insuccès de sa démarche auprès de Laurent II avait rappelé Machiavel à des sentiments

---

villa, pendant qu'il composait son opuscule des Principautés (c'est le titre qu'il donne à son livre du *Prince*).

« Cependant arrive l'heure du dîner : avec ma brigade (avec sa femme et ses enfants), je mange des aliments que comportent ma pauvre *villa* et mon chétif patrimoine. Quand j'ai mangé, je retourne à l'hôtellerie ; là, pour l'ordinaire je trouve l'hôte, un boucher, un meunier, et deux chaufourniers. Avec eux je m'engloutis tous les jours en jouant à *cricca*, à *tric trac :* là, naissent mille disputes, mille dépits accompagnés de paroles injurieuses. Le plus souvent, c'est pour un quatrin, et néanmoins, on nous entend crier de San-Casciano. Vautré dans cette vilenie, j'empêche mon cerveau de se moisir : je développe la malignité de ma fortune, satisfait qu'elle me foule aux pieds de cette manière, pour voir si elle n'en aura pas de honte. Le soir venu, je retourne à la maison, j'entre dans mon cabinet ; sur le seuil, je me dépouille de mon habit de paysan plein de boue et de saleté, je me revêts d'habits propres et de barreau ; et ainsi, décemment vêtu, j'entre dans les antiques cours des hommes antiques. Accueilli par eux avec amour, je me repais de cette nour-

plus virils, et qu'il s'était résigné à supporter noblement la mauvaise fortune, résolu désormais à chercher des consolations, non plus auprès des grands, mais dans le sein de l'amitié. Aussi, va-t-il déployer dans les discours une élévation de pensée, un esprit d'indépendance dignes du véritable homme d'État et que ne renierait pas le philosophe le plus austère.

riture, la seule qui me convienne, et pour laquelle je suis né. Je ne crains pas de parler avec eux et de leur demander raison de leurs actions ; ceux-ci, remplis de politesse, veulent bien me répondre. Je n'éprouve, pendant quatre heures, aucun ennui ; j'oublie toute peine, je ne redoute pas la pauvreté, et la mort ne m'épouvante plus. Je me transporte tout entier en eux, et comme Dante dit qu'il n'y aura pas de science si on n'a retenu ce qu'on a entendu, j'ai noté ce que j'ai le plus remarqué dans leur conversation, et composé un opuscule des Principautés, et je m'enfonce le plus que je peux dans la profonde pensée du sujet. »

AVANT-PROPOS

DU

LIVRE PREMIER

———

SOMMAIRE

De même que les tempêtes et les écueils arrêtent
la marche du navigateur dans un voyage de décou-
verte, ainsi l'envie et toutes les mauvaises passions
du cœur humain viennent fondre sur le penseur à
la recherche de vérités nouvelles. Mais ces obstacles ne m'ont jamais arrêté dans la poursuite d'un
intérêt public : quels que soient les dangers et les
épreuves qui me soient réservés, ils ne me détourne-
ront pas de la route dans laquelle je vais marcher ré-
solùment, et que nul avant moi n'avait encore frayée.
Pour toute récompense, je compte sur l'estime des
hommes de bien qui apprécieront mes travaux.

C'est chez les anciens qu'il faut aller puiser les
vrais principes du gouvernement des peuples. Pour
n'avoir pas suivi leurs traces, les modernes sont

restés bien au-dessous d'eux dans l'art de gouverner, d'administrer, de rendre la justice, de faire la guerre et d'accroître un empire. Les anciens sont nos maîtres en politique aussi bien qu'en littérature, en architecture, en sculpture, en jurisprudence et en médecine.

On entend répéter que nous ne pouvons pas les imiter, que les temps ne sont plus les mêmes, comme si l'homme, le ciel, le soleil, les éléments, en un mot tout ce qui peut influer sur les sociétés avait changé de nature.

On dénigre l'antiquité, parce qu'on ne sait pas l'apprécier. Au lieu d'aller demander des exemples aux écrits qu'elle nous a légués, on n'y cherche que des événements. Inspirer le goût de ses beaux monuments historiques, développer l'esprit dans lequel ils doivent être étudiés, montrer aux hommes politiques tout le parti qu'il est possible d'en tirer, telle est la tâche que j'entreprends en écrivant les discours sur les livres de Tite-Live.

OBSERVATIONS SUR L'AVANT-PROPOS

> « Le travail qu'on fait pour le public n'est sou-
> vent reconnu d'aucun particulier, et il n'en faut
> espérer d'autre récompense en terre que celle de
> la renommée, propre à payer les grandes âmes. »
> RICHELIEU. — *Testament politique*, ch. VIII,
> sec. III.

> « Publiez votre pensée, ce n'est pas un droit,
> c'est un devoir, étroite obligation de quiconque
> a une pensée de la produire et mettre au jour
> pour le bien commun. »
> P.-L. COURRIER. — *Pamphlet des Pamphlets.* .

Secrétaire de la république florentine, tombé en disgrâce au retour des Médicis, puis jeté dans un cachot entre des malfaiteurs et mis à la torture, comme impliqué dans une conspiration à laquelle il était étranger, Machiavel avait supporté en homme de cœur ces violences odieuses, par lesquelles

s'opèrent le plus souvent les restaurations des pouvoirs tombés.

Éloigné des emplois publics et contraint de vivre
dans la retraite, il résolut de consacrer à l'étude
les loisirs forcés qui lui étaient faits. Avec son génie
à la fois pratique et généralisateur, ses profondes
connaissances en histoire et l'expérience qu'il avait
acquise dans des emplois, bien que subalternes, de
la république florentine, il entra dans une voie qui
n'était pas ouverte avant lui, ainsi qu'il le proclame
avec un sentiment d'orgueil bien légitime, pouvant,
à plus de titre, peut-être, que l'illustre auteur de
l'Esprit des Lois, prendre pour épigraphe de son
livre : *Une postérité sans mère.*

Nul publiciste, parmi les plus hardis, n'a poussé
plus loin que Machiavel la franchise de sa pensée.
Acceptant toute opinion, quelle qu'elle fût, pourvu
qu'elle obtînt l'assentiment de sa raison aussi in-
flexible que pénétrante, il l'exprimait sans détour et
sans ménagement. Soutenu par l'amour de la vérité,
cette passion des grands cœurs que les âmes mé-

diocres et vulgaires ne sauraient ressentir ni comprendre, il témoigne hautement qu'aucun intérèt, qu'aucun danger ne pourra le faire transiger avec ses convictions, — engagement sacré qu'il a religieusement rempli.

On a le droit de juger sévèrement plusieurs de ses appréciations et de ses maximes politiques ; mais on ne saurait guère mettre en doute qu'il n'ait toujours été parfaitement sincère avec lui-mème, et n'ait jamais rien écrit qu'il ne crût ètre vrai. Il a même poussé trop loin le dédain pour tous les déguisements habituels de la pensée ; et, si son nom est devenu le synonyme de duplicité et de perfidie, il doit en grande partie ce triste honneur à la crudité de son langage, autant qu'au fond même des doctrines professées dans son livre du *Prince*.

Quelle leçon à méditer, que la flétrissure imprimée à la mémoire d'un aussi grand homme ! Tout injuste qu'elle puisse ètre, elle n'en reste pas moins comme une éloquente protestation du sens moral de l'humanité contre la détestable doctrine du succès à tout prix : car si jamais il pouvait être érigé en principe que la fin justifie les moyens, c'en serait fait de l'histoire et de ses enseignements ; elle aurait une seule mesure de comparaison pour tous les personnages qu'elle met en scène, leur plus ou moins de bonheur ou d'habileté et, sur cette échelle, elle pourrait placer un Auguste ou un Tibère bien au-dessus d'un Antonin ou d'un Marc-Aurèle. La civilisation et la barbarie auraient perdu leur caractère le plus distinctif.

Aucun livre n'a été aussi diversement jugé que le *Prince* de Machiavel, aucun n'a suscité à la fois un aussi grand nombre d'admirateurs enthousiastes et de détracteurs passionnés. Pour ne citer que les plus illustres, Frédéric-le-Grand et Voltaire d'un côté, Rousseau de l'autre, ont pris, dans des camps opposés, une grande part à ce débat qui n'est pas près de finir et s'étend en Italie, en France, en Angleterre et en Allemagne (1). Mais à quelque point

(1) C. F. Zambelli, Artaud, Macaulay, Schloster, etc.

de vue que l'on se place dans cette controverse, l'impartialité historique prescrit de rappeler, à la décharge de Machiavel, combien il est difficile, pour ne pas dire impossible, au publiciste de l'esprit même le plus philosophique, appuyé par l'énergie et par l'élévation du caractère, d'échapper complètement à l'influence du milieu dans lequel il vit. Or, quels exemples l'Europe donnait-elle au quinzième siècle? En France, Louis XI et Charles-le-Téméraire, Henri VIII en Angleterre, en Italie, les Sforze, le pape Alexandre, les Borgia. Chez aucun peuple et à aucune époque, on ne rencontre des mœurs plus détestables, une politique plus perfide que parmi ces petits gouvernements de l'Italie. Pour détruire ces principautés faibles, désunies, sans force contre une domination étrangère, Machiavel appelle de tous ses vœux un dictateur quel qu'il soit, César Borgia lui-même, pourvu qu'il réussisse à fonder sur leurs ruines un gouvernement unique et homogène.

Ce qu'on a pris pour des maximes générales de gouvernement, applicables à tous les temps et à

tous les États, se rapporte en réalité, dans la pensée
de Machiavel, à ce but unique et déterminé. Dès
lors il n'y a plus pour lui qu'une seule règle en
politique, la raison d'État, le succès à tout prix.
Dominé par les préoccupations exclusives de son
patriotisme italien, articulées avec une ardeur presque juvénile dans le dernier chapitre, intitulé :
Exhortation à délivrer l'Italie des Barbares, il perd
de vue les principes de la grande école à laquelle il
s'est formé ; il oublie les traditions que lui ont
léguées les maitres dont il est nourri, les Tite-Live
et les Tacite dont chaque page respire la plus stricte
probité.

Mais si, dans le *Prince*, le sens moral lui a fait
trop souvent défaut, il l'a mieux et plus souvent
inspiré dans les discours sur Tite-Live. Soutenue
par la nature de son sujet, sa pensée y prend un
essor plus élevé. Là, ce n'est plus aux princes qu'il
s'adresse pour les instruire dans l'art de tromper
les hommes et de les asservir, mais bien aux peuples
pour leur apprendre à devenir libres et puissants.

C'est pour eux qu'il a rédigé ce code pratique des gouvernements républicains, où leurs avantages et leurs dangers, les conditions hors desquelles ils ne peuvent durer, les causes de leur grandeur et de leur décadence se trouvent exposées avec cette netteté et cette vigueur de déduction qui le caractérisent. Çà et là, dans quelques passages, la main de fer qui burina les pages sinistres du *Prince* se laisse bien encore reconnaître ; mais ces taches, œuvre du temps plutôt que de l'homme, disparaissent dans l'ensemble de l'œuvre, où se manifeste presque partout le sentiment énergique du droit et du juste, — le dévoûment à la cause de la liberté et de l'indépendance des peuples.

Tout grand écrivain qu'il est, Machiavel ne s'attache pas à la contexture de sa phrase avec cette sorte de coquetterie que l'on remarque dans Montesquieu. Uniquement préoccupé du fond même des idées, il met peu d'importance à la forme : sans jamais viser à la concision, il étend et développe sa pensée autant qu'il est nécessaire pour qu'elle se trouve complètement et clairement exprimée. Parlant toujours la langue mâle et simple des hommes d'État rompus à la pratique des affaires, il jette la lumière la plus vive sur les sujets qu'il traite. Au lieu de recourir à cette argumentation métaphysique, à ces raisonnements abstraits suivant lesquels Hobbes procède dans le *Citoyen*, et Jean-Jacques dans le *Contrat social*, il tire ses inductions de l'expérience en apportant des faits, des exemples à l'appui de ses idées. « Ne voulant pas, comme le font beaucoup de personnes, supposer des républiques et des gouvernements qui n'ont jamais existé (1), » il s'applique à suivre la règle qu'il s'est posée « de s'attacher à la vérité effective et au train réel des choses plutôt qu'à des opinions imaginaires, » ce qui faisait dire à Bâcon : « Nous avons bien des grâces à rendre à Machiavel et aux écrivains de cette sorte, qui énoncent ouvertement et sans détour ce que les hommes ont coutume

(1) Le *Prince,* chapitre XV.

de faire, au lieu d'imaginer ce qu'ils devraient faire (1). »

On apprend dans les discours comment il convient d'étudier l'histoire pour arriver, par la comparaison des événements anciens et modernes, aux notions positives de la science politique. Toutefois, il importe de se mettre en garde contre une tendance de Machiavel à embrasser les partis extrêmes : lorsqu'il s'agit d'atteindre un but, il ne pratique pas assez cet art des ménagements, des moyens termes, qui entre pour une si grande part dans le tempérament de l'homme d'État : il n'a pas toujours l'esprit de mesure ; il penche quelquefois du côté de l'exagération, comme le lui reproche Guicciardini que la modération de son esprit met à couvert de cet écueil.

Suivant Machiavel, la République romaine avait réalisé l'idéal de la sagesse dans la constitution politique d'un peuple. C'est surtout à son école que

______

(1) *De l'accroissement des sciences,* chap. II, livre VII.

J.-J. Rousseau puisa les mêmes principes. Développés dans ses livres avec cette magie de style et cette éloquence entraînante qui appartiennent à lui seul, ils ont exercé sur nos pères une influence décisive, en leur inspirant cet amour de la patrie qui leur fit accomplir de si grandes choses : mais d'un autre côté, ils les ont fourvoyés dans des sophismes et égarés à la poursuite des plus dangereuses chimères. Au lieu d'attacher leurs regards sur Sparte et sur Rome, de s'inspirer des souvenirs d'une époque sans analogie avec leur siècle, les législateurs, appelés à asseoir la France sur de nouvelles bases, eussent été plus sages de s'appliquer à mettre leurs idés en harmonie avec les faits réels du milieu où ils vivaient : leurs constitutions, plus fortement enracinées dans le sol, auraient mieux résisté aux tempêtes qui les renversèrent les unes après les autres.

Les Anglo-Américains, avec ce bon sens pratique naturel à leur race, lorsqu'ils ont voulu fonder parmi eux un gouvernement démocratique, l'établirent sur le terrain solide de leurs mœurs, de leurs idées, de

leurs intérêts, sans aucune préoccupation rétrospec-
tive ; et leur République a vécu, prospéré, lorsque
la nôtre n'a été qu'une œuvre éphémère. Viser, avec
la France du dix-huitième siècle, à revenir aux premiers âges de la République romaine, c'était manquer aux prescriptions de la sagesse la plus vulgaire,
et ressembler à un pilote qui prétendrait gagner le
port, sans tenir compte du régime des vents et des
courants sur la route à suivre pour y arriver.

La science politique ne doit puiser des enseignements dans l'histoire qu'avec une judicieuse circonspection, commandée par la différence des époques.
Que le soleil, l'air, les éléments, en un mot tout ce
qui détermine la constitution physique d'un pays soit
immuable, si les mœurs changent, toutes les conditions d'existence et d'organisation sociale varient en
même temps. Il faut, avant tout, être de son siècle,
marcher dans le sens des idées et des faits au milieu desquels on vit, et non rétrograder dans le
passé.

A Rome, la guerre était la principale et presque

l'unique affaire ; on ne pouvait guère y exercer honorablement d'autre métier que celui des armes. Ce fut l'œuvre du christianisme de réhabiliter le travail, d'imprimer un nouvel essor au commerce et à l'industrie, devenus pour les nations modernes la source de leur prospérité, la base de leur puissance, leur titre de gloire le plus durable. Toutefois, quoique la guerre tende visiblement à céder aux arts de la paix une partie de la grande place qu'elle a occupée dans la vie des peuples, à y devenir de plus en plus une crise intermittente, passagère, non-seulement rien n'annonce sa disparition prochaine, mais on est forcé de reconnaître qu'elle joue encore dans les relations des États un rôle malheureusement légitime.

Comme le dit un publiciste de nos jours (1) « elle « n'est pas seulement pour eux un droit, mais sur- « tout un devoir. Si les droits d'une nation sont « méconnus par une autre, si son indépendance est

(1) Hautefeuille. *Des Droits et des Devoirs des nations neutres.* Tome Ier, page 131.

« menacée, son honneur attaqué, sans qu'il lui soit
« possible d'obtenir une juste satisfaction par les
« voies amiables, son devoir est de recourir aux
« armes, de faire la guerre à l'injuste agresseur.
« Car une nation ne saurait laisser impunie une
« atteinte portée à ses droits, à son honneur, sans
« reconnaitre la supériorité de l'offenseur, sans ces-
« cer d'être son égal, et, par conséquent, sans se
« dépouiller des qualités essentielles de la nationa-
« lité. »

Mais si la paix perpétuelle est l'utopie de notre
âge, ne pourrait-elle pas devenir la réalité des âges
futurs? Quand on songe que nos ancètres vivant,
ainsi que le démontrent les découvertes récentes de
la géologie, dans les mèmes conditions que les peuplades aujourd'hui les plus arriérées de notre pla-
nète, les indigènes de la Terre-de-Feu, de l'Océanie
et de l'Australie, ne leur étaient en rien supérieurs,
que, de cet état voisin de la brute, l'habitant de nos
contrées se transformant peu à peu, grâce à une
intelligence constamment accrue par l'hérédité, est

parvenu jusqu'à cette civilisation dont nous sommes
aujourd'hui si fiers, l'analogie ne nous conduit-elle
pas à admettre que dans la progression des lumières croissantes, nous paraîtrons nous-mêmes des
barbares à nos arrière-neveux ? Et dès lors n'est-il
pas naturel de penser que répudiant avec horreur
notre stupide folie de la guerre, cette émulation
féroce qui nous pousse à la recherche des moyens
les plus abominables de nous exterminer les uns les
autres, les peuples arriveront, un jour, à se trouver
pourvus d'une dose de bon sens suffisante pour remettre, d'un commun accord, la solution de leurs
différends à l'arbitrage pacifique d'un tribunal, dont
les arrêts seraient définitifs et irréfragables.

Machiavel, avec une modestie qui sied bien à son
génie, émet la crainte que le résultat ne réponde
pas à ses efforts et qu'il n'y ait pas grande utilité
à tirer de ses discours. « Du moins, » ajoute-t-il,
« j'aurai ouvert la voie à d'autres plus habiles qui
pourront, mieux que moi, réaliser mes vues, et
j'espère conduire l'entreprise assez loin pour qu'il

ne leur reste que bien peu de chemin à faire de là au but. » Ce fut sans doute pour répondre à cet appel que Guicciardini, suivant la remarque de l'éditeur de ses œuvres inédites (1), conçut la pensée d'écrire ses considérations.

(1) M. Canestrini. Préface, page 26.

SOMMAIRE DU CHAPITRE Ier

QUELS ONT ÉTÉ LES COMMENCEMENTS DES VILLES EN GÉNÉRAL
ET DE ROME EN PARTICULIER.

Toutes les villes sont fondées ou par des naturels du pays ou par des étrangers.

Les premiers habitants d'une contrée sont dispersés en peuplades indépendantes. Un moment arrive où elles éprouvent le besoin de se réunir pour résister à un ennemi commun.

Alors, de leur propre mouvement ou sous la conduite d'un chef auquel elles obéissent, elles forment un établissement fixe dans le lieu jugé le plus convenable. — Ainsi s'élevèrent Athènes fondée par Thésée, et Venise composée des débris de ces peuples qui, successivement refoulés par les Barbares, après la chute de l'empire romain, étaient venus se réfugier au fond du golfe Adriatique.

Les villes fondées par des colonies étrangères au sol peuvent être, les unes libres comme chez les Grecs, les autres placées dans la dépendance de la métropole, suivant le système pratiqué chez les Romains pour se débarrasser d'une population qui les gènait, ou pour garder leurs conquêtes.

On voit aussi des villes bâties par des princes, soit pour y fixer leur résidence, soit pour élever un monument à leur gloire, comme fit Alexandre en fondant Alexandrie.

Toute ville soumise au pouvoir de l'étranger ne pourra que bien difficilement prospérer, et devenir la capitale d'un grand État.

Les colonies libres sont formées de populations qui, chassées, soit par une épidémie, soit par la misère, soit par la guerre civile et étrangère, abandonnent leurs foyers pour chercher ailleurs une autre patrie. Les émigrants, ou s'établissent dans des villes dont ils s'emparent, comme firent les juifs sous la conduite de Moïse, ou, comme les Troyens commandés par Énée, ils élèvent des villes nouvelles.

Le génie des fondateurs se reconnaît au choix de la contrée qu'ils viennent occuper, et à la nature des institutions qu'ils donnent à leur peuple.

Si la fertilité du pays où ils viennent se fixer leur offre de grands avantages, elle tend aussi à favo·riser l'oisiveté qu'il faut combattre par la sévérité des lois.

Toutes les conditions les plus favorables se sont réunies pour Rome. Jouissant, dès son origine, d'une liberté et d'une indépendance complètes, établie sur un sol fertile, dans une position avantageuse, elle eut aussi le rare bonheur de trouver, dans ses premiers rois, de sages législateurs dont les institutions conservèrent longtemps leur pureté primitive.

Rome appartient à la catégorie des villes bâties par des indigènes, comme Athènes et Venise, mais avec cette différence qu'elle ne dut pas, comme celles-ci, son origine à une nécessité impérieuse.

Elle ne fut, en réalité, qu'une colonie d'habitants ou de sujets de la ville d'Albe, réunis dans une commune ambition de se régir par eux-mêmes.

Entre les villes bâties par des étrangers, il s'en trouve qui ne dépendent en aucune manière de ceux à qui elles doivent leur origine. Quant à celles qui sont forcées de leur obéir, s'il est vrai que dans les commencements elles soient condamnées à ne pas faire de progrès sensibles, avec le temps il peut survenir des incidents qui les délivrent de cette sujétion et leur permettent de s'accroître. Telles ont été Florence et toutes les colonies romaines, dont plusieurs, après la décadence de Rome, sont devenues de magnifiques et puissantes villes. C'est moins à l'indépendance dont elles ont joui dès leur origine, qu'aux avantages de leur situation ou à la bonté de leurs institutions ou à tout autre cause, qu'elles ont dû d'augmenter en richesses et en population, condition *sine quâ non* de la puissance et qui ne peut qu'exceptionnellement se réaliser dans une localité stérile, la fécondité du sol étant la cause déterminante d'un grand concours d'habitants. Rome a joui de cet avantage et, de plus, comme elle n'avait pas un grand territoire, qu'elle était environnée de peuples puissants, elle fut forcée de s'étendre par la puissance de ses armes et par la concorde. Toute ville dépourvue de ces avantages sera faible, opprimée et foulée par ses voisins.

OBSERVATIONS SUR LE CHAPITRE Ier

> « La quantité des bonnes terres et la liberté de
> « diriger leurs affaires comme elles le jugent à
> « propos, voilà les deux grandes sources de pros-
> « périté de toutes les colonies nouvelles. »
>
> Adam Smith. — *Traité de la richesse*. Liv. iv,
> chap. vii.

Un peuple qui obéit à un maître étranger n'occu-
pera jamais un rang élevé dans l'histoire. Pour le
conquérir il doit, avant tout, assurer son indépendance. Ainsi les colonies que les Romains avaient
formées dans les diverses contrées de l'Europe ont
bien changé de face, depuis qu'elles sont devenues
des États distincts et autonomes. Et parmi ces derniers, si l'on compare les peuples d'origine saxonne,
c'est-à-dire les Anglais et les Allemands avec ce

que l'on appelle les races latines, comme les Italiens, les Espagnols et les Francais, on reconnaît que les premiers, moins façonnés au joug, par suite de leur plus grand éloignement de la métropole et, peut-être aussi doués d'instincts plus individualistes, savent mieux que les seconds se gouverner eux-mèmes et progresser en puissance, sans jamais reculer.

Les possessions anglaises de l'Amérique Septentrionale, déjà si florissantes sous l'influence des institutions libérales de la mère patrie, dès qu'elles en furent détachées prirent un nouvel et prodigieux essor. Si la France, avec tous les avantages qu'elle possède, n'a jamais pu réussir à fonder de grandes colonies, la faute en est surtout à ce qu'habituée à la servitude ou, comme on dit, à la centralisation, elle ne saurait implanter dans ses établissements lointains cette saine et virile indépendance dont elle n'éprouve pas le besoin pour elle-mème. Après avoir ainsi perdu l'Empire de l'Inde et le royaume du Canada qu'elle a laissé tomber sous la puissance des Anglais, ne doit-elle pas inspirer de justes sujets de crainte sur l'avenir réservé à ses établissements actuels en Afrique et dans la Cochinchine ?

Machiavel met en question s'il vaut mieux, pour la fondation d'une ville, choisir un sol fertile qu'une terre ingrate et, tout en se prononçant pour la fertilité du territoire comme plus favorable au développement d'un peuple, il la considère néanmoins comme un danger qu'il faut combattre par les institutions : paradoxe réfuté par Guicciardini et reproduit par Montesquieu (1), témoignant ainsi de l'enfance de l'économie politique jusqu'au siècle dernier. Sans doute, on a vu des villes s'élever et grandir sur le sol le plus ingrat, comme Venise conquise sur le sable et sur la mer, et Saint-Pétersbourg bâtie au milieu de marais pestilentiels : les obstacles inhérents au sol se trouvent alors compensés par des avantages d'une autre nature. Mais il n'en reste pas moins vrai que la fertilité du territoire, comme l'activité du commerce et de l'indus-

(1) C F. l'*Esprit des lois*. livre XVIII, chapitre I, II, III, IV.

trie, accumulant les richesses au sein d'une ville en favorise le développement. Que des sages vantent la pauvreté et déprécient l'opulence, comme un obstacle au bonheur individuel, à la vertu privée, cela se comprend à la rigueur : tandis que transportées dans la politique, appliquées à de grandes associations d'hommes, à des villes, à des États, ces maximes philosophiques constituent d'absurdes utopies.

Dans un pays purement agricole, où la terre est assez fertile pour fournir au-delà de ce qui est nécessaire à la subsistance des habitants, l'excédant des produits sur la consommation est employé à pourvoir, par voie d'échange, aux besoins de l'existence autres que la nourriture : et dans aucune contrée, même des plus favorisées, cet excédant ne peut suffire aux exigences du bien-être le plus modeste distribué sur toute la population. Le danger n'est donc pas dans la fécondité du sol, dans l'activité de la production, mais bien dans une répartition trop inégale des produits. L'extrême opulence d'un petit

nombre, à côté de la profonde misère du peuple,
est un mal que les institutions doivent combattre
sans relâche, tandis qu'elles ne sauraient trop favoriser le développement de la richesse publique.

A côté de la fertilité du sol, Guicciardini ne manque
pas de placer la bonne assiette d'une ville au nombre
des conditions physiques de sa prospérité. Constan-
tinople, Londres, Liverpool, New-York et Paris
peuvent être cités comme exemples d'un développement dû, en partie, aux avantages de la situation.

SOMMAIRE DU CHAPITRE II

Une république peut s'organiser suivant deux
modes distincts : ou elle reçoit une constitution toute
faite des mains d'un législateur unique, ou elle
modifie ses lois successivement à mesure que les
circonstances en font naître le besoin.

Un État contraint par les vices de sa constitution
à changer la forme de son gouvernement, subit une
dure nécessité qui peut le conduire à une dissolution
totale.

Les gouvernements se divisent en monarchique,
aristocratique et républicain.

Un homme heureux et habile prend le pouvoir, ou
se le fait donner. D'abord électif, il devient ensuite

héréditaire dans une famille. C'est là l'histoire de toutes les monarchies : elles se perdent par l'incapacité ou par le dérèglement de l'un des héritiers du trône. Alors s'élève le gouvernement aristocratique, qui périt de même entre les mains de descendants indignes de ses illustres fondateurs. Il se change en république ; l'anarchie inséparable de cet état le ramène à la forme monarchique.

Tel est le cercle dans lequel les États tournent invariablement. Ils pourraient le parcourir plusieurs fois, s'ils étaient assez vigoureux pour résister à ces secousses successives. En général, tous finissent par tomber tôt ou tard sous la domination d'une puissance voisine et mieux ordonnée.

Les vices inhérents à chacune de ces trois formes de gouvernement ont conduit les législateurs à une forme mixte, dans laquelle ils ont fait entrer un prince, des grands et le peuple, ces trois pouvoirs s'observant l'un l'autre. Telle était la constitution de Lycurgue qui assura pendant huit siècles la tranquillité de Lacédémone.

Solon fut moins heureux : pour avoir établi un gouvernement purement populaire, il eut la douleur de voir lui-même son œuvre détruite par la tyrannie de Pisistrate.

A Rome, le hasard opéra ce qui n'avait pas été préparé par la sagesse du législateur. Le gouvernement d'abord purement royal, ensuite partagé entre le sénat et deux consuls qui remplaçaient le roi, dut à la désunion du Sénat et du peuple de se constituer définitivement, avec les trois éléments dont il a été parlé, par la création des tribuns qui introduisit le pouvoir populaire dans le gouvernement.

SOMMAIRE

DES CONSIDÉRATIONS DE GUICCIARDINI

SUR LE CHAPITRE II.

Nul doute que le gouvernement mixte, à la fois monarchique, aristocratique et populaire, ne soit meilleur et plus stable qu'un gouvernement simple, de l'une ou de l'autre de ces trois formes, surtout quand il est mélangé de telle sorte qu'il retient de chacun ce qu'il a de bon, laissant de côté ce qu'il a de mauvais. Le gouvernement monarchique a cet avantage que les affaires publiques se conduisent mieux, avec plus d'ordre, plus de célérité, plus de secret, plus de résolution, dépendantes de la volonté d'un seul que soumises à l'arbitrage de plusieurs : le danger est dans le choix du prince ; s'il est mauvais, il emploie mal la puissance qui lui a été donnée pour faire le bien ; s'il est bon mais insuffisant, son incapacité amène les plus grands désordres.

Il peut en être également ainsi d'une royauté élective. D'abord ceux qui élisent peuvent se tromper ; ensuite l'exercice du pouvoir et la faculté d'en abuser changent souvent le naturel de l'élu et, surtout s'il a des fils, il est naturellement porté à désirer qu'ils lui succèdent.

Donc pour qu'un gouvernement prenne à la royauté le plus possible de ce qu'elle a de bon et le moins possible de ce qu'elle a de mauvais, il faut que le chef de l'État soit électif, à vie, mais avec une autorité tellement restreinte que, par lui-même, il ne puisse disposer de rien ou, du moins, seulement des choses de moindre importance ; qu'à une aristocratie concentrée dans les mêmes familles, on substitue un sénat recruté, par voie d'élection, entre tous les citoyens admis par la loi à participer aux magistratures et formé de l'élite des hommes prudents, des nobles et des riches ; qu'il soit à vie, très-nombreux, appelé à délibérer de la guerre, de la paix, des traités avec les puissances étrangères, — de tout ce qui intéresse la conservation et la grandeur de l'État.

Au peuple, il faut confier seulement les choses qui, remises en d'autres mains, compromettraient la liberté, comme l'élection des magistrats, la sanction des lois, préalablement élaborées et approuvées par les magistrats supérieurs et par le sénat. — Ne pas laisser libres les réunions publiques, le grand instrument des séditions. — Dans le conseil du peuple, ne permettre de parler qu'avec l'autorisation des magistrats et sur les matières de leur choix. — Un gouvernement ainsi constitué réalisera la forme mixte proposée par Machiavel.

OBSERVATIONS SUR LE CHAPITRE II

« Qui ne peut se gouverner lui-même se laissera
gouverner par un autre qui en sera plus capable. »
VICO. Science nouvelle.

« Les États périssent presque toujours par les
fautes et par l'insuffisance de ceux qui les gouvernent. »
GUICCIARDINI, Souvenirs politiques
et civils, CXXXVII-CXXXIX.

Les anciens ont souvent confié à un législateur
unique le soin de formuler une constitution. En
théorie ce système est le plus parfait qui se puisse
imaginer. Dans la science politique comme dans
toutes les autres, une conception qui suppose de la
suite et de l'unité dans les idées ne peut sortir que
du cerveau d'un penseur ; une œuvre fondue d'un
seul jet et dans la même tête doit nécessairement

présenter un tout plus complet, plus homogène, mieux coordonné dans ses parties qu'une législation faite de pièces et de morceaux, remaniée successivement par des assemblées nombreuses. Ainsi notre code civil, quoique élaboré dans le conseil d'État, n'en a pas moins été, dans ses diverses parties, coordonné par la pensée dirigeante de Napoléon : de même encore la Russie doit à Pierre-le-Grand et la Prusse à Frédéric, cette organisation vigoureuse qui se manifeste par le développement de leur puissance toujours croissante.

Cependant, si incohérentes que soient des constitutions écloses sous le feu croisé d'opinions divergentes, au sein de corps délibérants, l'expérience a démontré que, pour un peuple libre, ces assemblées sont le meilleur instrument de législation. C'est par des conventions nationales que l'Angleterre et les États-Unis ont pu se reconstituer sur de nouvelles bases ; mais il serait dangereux de recourir à l'emploi de ce remède énergique, sans une nécessité bien caractérisée. Les changements brusques, les

secousses violentes compromettent l'harmonie nécessaire aux fonctions vitales, dans ces corps immenses
et compliqués qu'on nomme des États : pour sortir
avec bonheur de ces crises redoutables il faut trois
choses, une bonne armée, un peuple imbu du sentiment national, un concours de grands citoyens dont
la main ferme et sûre tienne le gouvernail pendant
la tempête.

Notre propre exemple est bien fait pour éclairer
les autres peuples sur le danger des révolutions.
Après avoir d'abord, à force de dévouement civique
et de courage militaire, réussi à se défendre contre
toute l'Europe coalisée, la France, à quelques années
de là, fut vaincue, envahie et, depuis lors, l'instabilité de ses gouvernements, les variations, les fautes
de leur politique, inspirent la crainte qu'elle ne
perde irrévocablement le rang qu'elle occupait en
Europe avant ses revers.

Quelquefois la constitution d'un peuple porte en
elle-même un vice radical qu'il est bien difficile d'en
extirper.

Ainsi la Pologne, avec sa monarchie élective, avec sa noblesse turbulente, armée dans la diète générale du droit anarchique du *liberum veto*, avec l'esclavage de ses serfs, s'affaiblissait chaque jour par ses dissensions, aidant ainsi elle-même ses puissants et ambitieux voisins à la démembrer pour se partager ses dépouilles.

Le principe de la polygamie, avec toutes ses conséquences, et la doctrine du fatalisme, de l'immobilité, empreinte dans chaque page du Coran, ont été pour les peuples soumis à la loi de Mahomet les germes d'une inertie qui, développée par le temps, devait arrêter leur premier essor et les laisser bien en arrière des peuples chrétiens.

La division des gouvernements en *monarchique*, *aristocratique* et *républicain* appartient à l'antiquité. Reproduite par Machiavel, par Guicciardini, par Montesquieu, par les publicistes de l'école historique, elle s'adapte assez bien à toutes les formes dont le souvenir s'est transmis jusqu'à nous ; mais pour l'école philosophique qui, sans se préoccuper du fait, se place au point de vue absolu du droit, tous les gouvernements se réduisent à deux. Les uns, *démocratiques*, sont fondés sur le principe de la souveraineté du peuple, c'est-à-dire de l'égalité civile et politique de tous les membres de la communauté : institués par elle pour gérer ses affaires ils sont pourvus, dans son intérêt seul, d'attributions définies par une constitution, ou contrat synallagmatique entre les actionnaires des grandes sociétés appelées nations et l'agence à laquelle ils délèguent leurs pouvoirs. — Les républiques de la Suisse et des États-Unis présentent le type caractéristique de cette forme de gouvernement. — Les autres, qu'on pourrait appeler *autocratiques*, tiennent leurs pouvoirs d'eux-mêmes et non par délégation : dévolus, soit à une famille, soit à une caste, soit à l'une et à l'autre, ils leur confèrent des droits et des priviléges exceptionnels, à l'exclusion du reste des citoyens. Tous les gouvernements monarchiques de l'Europe se rangent dans cette dernière classe. A mesure que, par les progrès naturels de l'industrie, le bien-être matériel et avec lui les bonnes mœurs, les lumières se développent et se répandent dans une nation, les classes de la société exclues de toute participation à ses affaires deviennent plus capables de les comprendre, de discuter, de défendre leurs intérêts, et le jour arrive où elles parviennent à conquérir l'exercice légitime de leurs droits civiques.

La loi de rotation établie par Machiavel sur la transformation du gouvernement monarchique en aristocratique, et de ce dernier en république qui ramène ensuite la monarchie, s'est vérifiée dans son premier terme en Angleterre, où la monarchie des Tudors et des Stuarts a été remplacée par une aristocratie qui la gouverne encore aujourd'hui. En France, au contraire, le pouvoir royal s'est élevé successivement sur les ruines de la féodalité, et le passage de la royauté à la république s'y est opéré sans transition. Mais après quelques années d'une liberté orageuse, ensanglantée par la violence des partis, le gouvernement monarchique y reparut avec un nouvel éclat, sous la dictature militaire de Napoléon. Ainsi s'est confirmé le principe que la république, par sa pente naturelle vers l'anarchie, tend à ramener le despotisme d'un seul.

Machiavel se prononce pour les pouvoirs pondérés : il proclame la supériorité des gouvernements mixtes sur les gouvernements simples. A l'appui de son opinion, il cite la république romaine et la monarchie française. Dans la combinaison des trois pouvoirs des consuls, du sénat et des tribuns, il place la source de la durée et de la grandeur du peuple-roi, comme aussi le principe de sa ruine dans l'absorption de ces trois pouvoirs par un seul, celui des Empereurs. Comme il l'avait déjà fait dans *le Prince*, il attribue la prospérité de la France à sa monarchie tempérée par la noblesse et par les parlements.

Ce système de gouvernement équilibré, détruit dans notre pays par Richelieu et par Louis XIV, s'est maintenu en Angleterre ; et de même que Machiavel, pour en faire ressortir les avantages, avait invoqué l'exemple de la France, à son tour Montesquieu s'ap-

puyait de l'Angleterre pour proclamer l'excellence de la monarchie constitutionnelle : « Rechercher désor-
« mais, disait-il, une autre forme de gouvernement
« plus favorable à la liberté, c'était bâtir Chalcédoine,
« ayant le rivage de Byzance devant les yeux. »

Il est impossible, en effet, de ne pas ressentir une admiration profonde pour des institutions vieilles de deux siècles, qui ont élevé la nation anglaise au plus haut degré de puissance. Aussi, malgré la chute de deux royautés constitutionnelles successive-ment écroulées l'une sur l'autre, dans un espace de moins de vingt années, l'école libérale française, n'envisageant pas ces expériences comme décisives, persiste-t-elle dans ses anciennes convictions, luttant avec courage pour le rétablissement du gouver-nement parlementaire. Le parti qui le repousse comme incompatible avec notre tempérament, avec nos mœurs, tient à peu près ce langage : « Toutes les règles de l'analogie ne sont-elles pas détruites quand, d'un pays où se perpétue une aristocratie maîtresse du sol, investie d'une grande puissance d'opinion, préparée aux affaires par une forte éducation politique qui fait, de chacune de ses générations, autant de pépinières d'hommes d'État, quand, d'un pays ainsi constitué, l'on passe à la France où la royauté, par les mains de Louis XI, de Richelieu, de Louis XIV, et le peuple, par une révolution radicale, ont mêlé et confondu toutes les classes de citoyens, pour ne laisser debout que des individus sans liens de caste ou de corporation, sans traditions héréditaires ni dans les idées ni dans les mœurs ? Ce pouvoir modérateur entre le peuple et le souverain, régulateur indispensable du mouvement dans le mécanisme constitutionnel, est précisément ce qui manquait à la restauration et au roi Louis-Philippe. Loin de trouver un point d'appui, un élément de force et de stabilité dans les institutions mêmes sur lesquelles ils reposaient, ils se trouvaient condamnés à une lutte incessante contre le courant de l'opinion qui tendait à les miner par la base. C'est dans ce travail ingrat et stérile pour le pays que se dépensait toute leur habileté;

et dès qu'elle est venue à leur faire défaut, une tempête de quelques jours, de quelques heures a suffi pour les emporter. Y a-t-il rien là qui ressemble à ce qui se passe en Angleterre, où le sceptre peut tomber entre les mains débiles d'une femme, la couronne reposer sur une tête perdue, sans que la royauté même en ressente la moindre secousse ? »

Cette argumentation en faveur d'un pouvoir absolu, sans contre-poids, dans les mains du chef de l'État s'appuyant sur l'armée et sur les fonctionnaires, porte bien au-delà du but auquel elle vise ; car elle bat en brèche non-seulement la royauté constitutionnelle, mais toute espèce de royauté quelle qu'elle soit. L'école républicaine ne raisonne pas autrement pour établir l'incompatibilité de la forme monarchique avec la démocratie. C'est aussi la thèse développée par Machiavel dans sa célèbre lettre à Léon X, où, discutant la question spéciale de l'organisation du gouvernement Florentin, il se prononce en faveur d'un gouvernement pur contre un gouvernement mixte. « L'instabilité de ces derniers, dit-il, tient à ce qu'ils penchent de deux côtés ; les premiers, au contraire, n'inclinent que d'un seul, la monarchie vers la république et réciproquement. » Il attend de Léon X qu'il aura assez de véritable grandeur pour s'élever au-dessus des sentiments et des intérêts de famille ; et il lui conseille de constituer Florence en république, motivant ainsi l'avis qu'il lui donne : « Dans toutes les villes où règne une grande égalité parmi les citoyens, on parvient difficilement à fonder une monarchie : pour y réussir, il faudrait d'abord pouvoir y organiser l'inégalité en créant beaucoup de nobles, capables, par la force des armes, de maintenir sous le joug la ville et toute la province. Cette tâche serait au-dessus des forces d'un prince seul. » Dans le même ordre d'idées, Napoléon disait à Sainte-Hélène : « L'aristocratie est le vrai, le seul soutien d'une monarchie, son levier, son point résistant : l'État sans elle est un vaisseau sans gouvernail, un vrai ballon dans les airs. Or, le bon de l'aristocratie, sa magie est dans son ancien-

neté, dans le temps ; et c'étaient les seules choses
que je ne pusse pas créer.... »

Après avoir balancé les avantages et les inconvénients attachés à une aristocratie héréditaire, environnée du prestige que donne une illustration per-
pétuée dans les mêmes familles, Guicciardini, la con-
sidérant comme nuisible plutôt que nécessaire, ne
l'admet pas dans un bon système de gouvernement
mixte tel qu'il le conçoit. A côté d'une royauté élective, à vie, investie de pouvoirs très-restreints, il
place un sénat armé de la haute autorité, du contrôle perpétuel sur les affaires importantes de la
nation, chargé de la confection des lois, des traités,
des délibérations sur la paix et sur la guerre,
mais dont les décisions ne deviennent exécutoires
qu'après avoir été sanctionnées par le peuple. Ce
sénat, très-nombreux, également électif et à vie,
se recrute parmi les citoyens les plus éminents par
leur naissance, par leur richesse et par une prudence éprouvée. Cette sorte de patriciat flottant,
individuel et non de race, se rapproche beaucoup

de notre bourgeoisie, à la fois instruite et laborieuse, aisée et en même temps soumise à la nécessité de l'épargne, classe non fermée et ouverte à tout ce qui, dans le peuple, s'élève par le travail et par l'économie. Si elle a commis des fautes, si elle est tombée dans des défaillances qui peuvent faire douter qu'elle possède l'esprit et le tempérament politiques voulus pour remplir les fonctions de pouvoir pondérateur ; d'un autre côté, elle a fait preuve d'une constance inébranlable dans sa foi aux idées libérales qui ont déjà chez elle le caractère et la force d'une tradition. Après avoir donné à la France les hommes d'élite qui formèrent la Constituante de 89, les grands généraux qui ont élevé si haut la gloire de ses armes, elle n'a pas cessé de lutter tantôt contre l'anarchie, tantôt contre le despotisme, s'efforçant toujours de maintenir les institutions du pays dans la voie d'un juste milieu entre ces deux extrêmes.

Machiavel et Guicciardini reviennent souvent sur cette réflexion, que c'est, pour un état, une situation

des plus critiques, d'avoir ses destinées étroitement
liées à la valeur personnelle du chef qui le gouverne,
les plus grands dangers pouvant naitre de ses fautes
et de son impéritie. C'est cette vérité, démontrée
par l'expérience, qui a conduit à l'établissement des
gouvernements représentatifs, dans le but d'instituer
le gouvernement du pays par le pays lui-même. Ils
peuvent être ou monarchiques ou républicains. Pour
que ces derniers aient de la durée, il faut que le peuple
possède les habitudes d'ordre, de moralité, qui pré-
viennent l'anarchie, — le degré de lumières, de bon
sens pratique, nécessaires pour n'appeler à la magistrature suprême que des hommes éprouvés entre
tous par leur aptitude aux affaires et par leur dévoûment aux intérêts du pays, — les plus grands et
les plus illustres entre tous les citoyens. Tels ont été
généralement, jusqu'ici du moins, aux États-Unis,
les résultats du principe électif appliqué à la première fonction de l'État : tels ils furent à Rome dans
les beaux temps de la République. Mais ce qui fit
d'abord sa grandeur et sa puissance devait plus

tard causer sa ruine, en y allumant la guerre civile qui vint la frapper à mort.

« Si un pays démocratique, dit M. de Tocqueville, restait soumis pendant un siècle au gouvernement républicain, on peut croire qu'au bout du siècle, il serait plus riche, plus peuplé et plus prospère que les États despotiques qui l'avoisinent ; mais, pendant ce siècle, il aurait plusieurs fois couru le risque d'être conquis par eux (1). »

Théoriquement, on peut faire valoir des raisons également bonnes pour soutenir et combattre la république et la monarchie : malgré tout ce qui s'est écrit et s'écrira dans un sens ou dans l'autre, la question n'en restera pas moins indécise. La politique n'admet pas les opinions tranchées, dogmatiques, les systèmes absolus, inflexibles, avec lesquels les faits viennent s'arranger comme ils peuvent. Les éléments sur lesquels elle opère sont si variés, se prêtent si difficilement au calcul, à la

____

(1) *De la Démocratie en Amérique,* 2ᵉ édition. t. 2. p. 93-95.

prévision, présentent une telle complexité d'actions et de réactions réciproques, qu'elle ne permet jamais, sous peine de s'égarer, de se départir de cet esprit de doute, de mesure, de sage réserve qui prescrit de suspendre son jugement jusqu'à raison suffisante de l'asseoir avec certitude.

Ainsi Machiavel, dans ce chapitre et dans le suivant, lorsqu'il discute les avantages et les inconvénients des gouvernements purs et des gouvernements mixtes, présente le pour et le contre, met en évidence le fort et le faible des uns et des autres et, tout en se déclarant pour les derniers, il ne le fait qu'avec les plus grands ménagements. Ce n'est pas qu'il manque de décision dans l'esprit, puisqu'il pèche plutôt, comme on l'a dit déjà, par le défaut contraire ; mais étendant sa vue sur beaucoup d'idées il sent combien, pour juger sainement, pour apprécier les choses à leur juste valeur, il est nécessaire de tout comparer, de ne rien laisser échapper, au lieu de s'en tenir à des apparences vaines et confuses.

———

CHAPITRE III

SOMMAIRE.

Tous les hommes sont naturellement enclins au mal : quand ils font le bien, c'est par quelque raison secrète qui se découvre avec le temps, père de toute vérité.

Tant que dure le règne des Tarquins, les patriciens qui les redoutent travaillent à mettre le peuple dans leurs intérêts et, dépouillant leur ancien orgueil, se comportent avec humanité envers le dernier des citoyens. Ce masque de la popularité dont ils s'étaient couverts tombe après l'expulsion des Tarquins. Pour suppléer à la crainte salutaire qui les avait contenus, il fallut, à la suite des désordres les plus graves, d'où pouvaient sortir la guerre civile et la ruine de la patrie, recourir à la création des tribuns qui tinrent la balance entre le peuple et le sénat, et mirent un nouveau frein à l'insolence patricienne. Ainsi, les hommes ne se portent jamais vers le bien d'eux-mêmes et sans y être poussés par quelque intérêt particulier. Toutes les fois que, cet intérêt n'existant pas, ils auront le choix entre le bien et le mal, c'est le mal qu'ils choisiront. Alors il faut établir des lois qui les forcent à entrer dans la voie du bien.

SOMMAIRE

DES CONSIDÉRATIONS DE GUICCIARDINI

SUR LE CHAPITRE III.

La maxime que « les hommes sont naturellement enclins au mal » est trop absolue : c'est prendre l'exception pour la règle. Au contraire, ils penchent vers le bien, mais leurs passions les en détournent ; de là le mal que les lois doivent attaquer et réprimer.

L'institution des tribuns avait pour but de défendre le peuple contre le patriciat, et non de créer un intermédiaire entre l'un et l'autre ; car s'ils ont modéré la puissance des patriciens, ils n'ont pas arrêté la licence populaire.

OBSERVATIONS SUR LE CHAPITRE III

Machiavel pose en principe que tous les hommes naissent méchants, et qu'ils ne font le bien qu'autant qu'on les y force. Ils y sont au contraire naturellement disposés, selon Guicciardini ; leurs passions seules les en éloignent. Se plaçant entre ces deux opinions extrèmes, il faut dire qu'ils apportent avec eux en naissant de bons et de mauvais instincts, des penchants égoïstes et des sentiments de sociabilité.

Les premiers, les instincts de la conservation personnelle, les plus énergiques de tous, qu'on retrouve partout au plus haut degré de la civilisation comme à l'état sauvage, que l'éducation peut bien amortir, régulariser, mais sans jamais les détruire, puisqu'ils ont leurs racines dans l'organisme même, nous sollicitent à rechercher tout ce qui nous paraît utile, à éviter tout ce qui peut nous nuire. Dans l'état qu'on appelle de nature, où les hommes vivraient isolés, sans lien commun, sans obligations réciproques, tout individu serait libre de s'abandonner sans frein à ses propres appétits et d'employer tous les moyens propres à les satisfaire. Ce droit dévolu à chacun d'eux sur toutes choses, les ferait vivre dans une crainte et dans une défiance continuelles les uns envers les autres. S'il ne constituait pas un état de guerre permanent, ainsi que Hobbes le prétendait, on ne saurait nier, quoiqu'en ait dit Montesquieu (1), qu'il ne fût une source

(1) C. F. *L'esprit des lois*, livre I, chap. II.

intarissable de discordes et de collisions. Du besoin
généralement senti de sortir d'une situation aussi
précaire, aussi misérable, naîtraient infailliblement
quelques stipulations de trèves, quelques conventions
expresses, destinées à régler d'un commun accord
les droits respectifs des belligérants. En se transportant ainsi jusqu'au berceau des sociétés pour
remonter à l'origine des lois, on reconnaît qu'elles
dérivent de la nécessité de contenir et de réprimer
nos instincts égoïstes. On a trop répété qu'il était
immoral et dégradant de nous représenter comme
entrainés vers le mal, par une pente naturelle et
souvent irrésistible. Cette vérité, sanctionnée par
l'expérience de tous les siècles, est la base la plus
solide que l'on puisse donner à tout système pratique de discipline morale ; elle met à nu sous les
yeux du législateur la plaie que sa tâche est de
sonder ; elle lui montre le vice organique que son
art doit combattre. Comme la plante, l'homme ré-
clame les soins d'une culture assidue et intelligente.
Tous les romans qu'il pourrait bâtir sur lui-même

ne changeraient rien aux lois immuables de sa nature : il n'a pas à les discuter; il y perdrait son
temps et sa peine. En s'y soumettant, il doit s'efforcer de les faire tourner à l'avantage de ses semblables, comme au sien propre.

Que les publicistes de l'école démocratique poursuivent la corruption et l'égoïsme, sous quelque
masque qu'ils se cachent; qu'ils flétrissent la dépravation du cœur et la bassesse des sentiments;
c'est là leur droit et leur devoir. Mais c'est un crime
de flatter le peuple et de le tromper, au lieu de
l'éclairer sur ses véritables intérêts, de spéculer
sur son ignorance et sur ses misères pour le repaitre
des chimères les plus fausses et les plus dangereuses.
Il faut qu'il sache que, de notre faible et imparfaite
nature, découlent pour nos sociétés des maux iné-
vitables; que si, dans une certaine mesure, un bon
gouvernement peut les adoucir, il n'est jamais en
son pouvoir de les faire complètement disparaitre;
que des formes politiques plus ou moins parfaites,
des combinaisons plus ou moins ingénieuses, ne

sauraient être pour l'homme un remède souverain à ses souffrances, mais qu'il dépend de lui de les alléger par la sagesse de sa conduite, par ses bonnes mœurs et par son travail, ce véritable trésor, comme l'appelle le Poète qui ajoute :

> • Travaillez, prenez de la peine,
> • C'est le fonds qui manque le moins. •

Et lorsque ce fonds vient à manquer, l'assistance fraternelle et chrétienne des membres de la grande famille à laquelle nous appartenons tous, reste comme dernière ressource.

Les Républiques exposées par la nature même de leur constitution à périr par l'anarchie, doivent être armées de moyens énergiques de répression contre les entreprises d'un ambitieux, ou les violences d'une multitude égarée. Mais la tâche du législateur ne se borne pas à réprimer le mal ; il faut encore qu'il s'attache à faire naître dans les cœurs l'amour du bien, les nobles sentiments sur lesquels repose toute la dignité de l'homme. En cela, nous sommes restés beaucoup au-dessous des anciens ; tandis que nos lois se contentent de frapper le corps, chez eux elles tendaient par tous les moyens à développer dans l'âme le germe des vertus civiques. Les cérémonies, les monuments, les jeux, les fêtes, les théâtres étaient, entre leurs mains, autant de ressorts pour saisir l'imagination des peuples et leur inoculer le culte de la patrie. Leur·religion toute temporelle et liée intimement aux intérêts publics, formait la base de ce système d'éducation sociale, auquel le christianisme s'adapterait moins facilement puisqu'il ne pourrait, sans se démentir, trop exclusivement concentrer les affections sur un objet purement terrestre. Une église nationale, telle qu'elle existe en Angleterre, en Russie, constitue un véritable non-sens, une contradiction flagrante dans des communautés chrétiennes. Leur condition normale, logique, c'est de se rendre, comme aux États-Unis, entièrement indépendantes de l'État, et, selon toute apparence, telle sera dans un avenir plus ou moins prochain leur situation chez toutes les nations civilisées de l'Europe.

La création des tribuns à Rome mit un frein à

l'insolence patricienne, en donnant au peuple un moyen légal de défendre ses intérèts et d'obtenir une juste part dans le gouvernement. Sur ce point, tous les publicistes sont à peu près d'accord avec Machiavel ; mais, comme on le verra dans les chapitres suivants, les divergences d'opinions se produisent quand on en vient à juger les effets ultérieurs de cette institution.

CHAPITRE IV

LA RÉPUBLIQUE ROMAINE FUT LIBRE ET FLORISSANTE, PARCE QUE
LE PEUPLE ET LE SÉNAT Y FURENT TOUJOURS DIVISÉS.

SOMMAIRE.

Rome fut redevable de sa puissance à la force de
ses légions ; mais elle devait ses légions elles-mêmes
à la sagesse de ses lois. On tombe dans une étrange
erreur lorsque, sur les troubles et les désordres qui
l'agitaient, on prononce que l'organisation de la
République était vicieuse. C'était à la suite de ces
tumultes, après que le peuple s'était répandu dans
les rues en proférant des imprécations contre le sénat,
que toutes les boutiques étaient fermées, que les
habitants en masse avaient abandonné la ville, — toutes choses effrayantes seulement pour ceux qui les
lisent, — c'était dans ces jours de crise que le Sénat,

pour apaiser le peuple, était réduit à lui faire des
concessions, et contraint de lui accorder au moins
une partie de ce qu'il demandait. Cette désunion
constante entre le peuple et le sénat romain fit la
fortune de la République. De ses désordres intérieurs,
naquit l'institution des tribuns qui introduisirent
dans le gouvernement le contrôle du peuple, et veil-
lèrent au maintien de ses libertés.

SOMMAIRE

DES CONSIDÉRATIONS DE GUICCIARDINI

SUR LE CHAPITRE IV.

La cause des discordes à Rome entre les patriciens et les plébéiens était la distinction entre ces deux ordres, le dernier se trouvant exclu de toutes les fonctions publiques dévolues entièrement au premier. Si, dès le principe, on eût au moins accordé la moitié des honneurs au peuple, comme on le fit depuis, on n'aurait pas vu naître ces divisions toujours nuisibles, loin d'être utiles : le peuple n'aurait pas demandé la création des tribuns qui peut-être firent plus de mal que de bien et, du moins dans les derniers temps, servirent d'instrument à quiconque voulut susciter des troubles dans la République.

Ce ne fut donc pas la désunion entre le peuple et le sénat qui rendit Rome libre et puissante. Si le tribunat fut un remède efficace contre les séditions, il eût mieux valu, dans l'origine, faire disparaitre les causes qui en rendirent l'application nécessaire. Mais comme, à moins d'être très-versé dans les affaires publiques, on ne connait les choses qu'après l'événement au lieu de les prévoir, il n'est peut-être jamais arrivé qu'une république ait été bien ordonnée dès sa naissance. — Quant aux autres parties du gouvernement de Rome, elles ne sont pas telles qu'on doive les prendre pour exemple : elles offraient de grands défauts, heureusement contrebalancés par la discipline militaire qui était excellente.

OBSERVATIONS SUR LE CHAPITRE IV

Les bonnes lois font les bonnes armées ; l'organisation militaire d'un peuple est la pierre de touche des institutions qui le régissent, dit Machiavel. Guicciardini s'accorde avec lui pour attribuer la puissance des Romains à l'excellence de leurs légions. Dès qu'ils commencent à perdre leur esprit belliqueux, à s'éloigner du métier des armes, à prendre parmi les Goths des soldats mercenaires pour garder les frontières de l'Empire, on voit se

détendre les ressorts qui avaient fait la vigueur politique de leur gouvernement.

Dans les beaux temps de l'Espagne, alors que la
civilisation y jetait un si vif éclat, ses troupes pas-
saient pour les meilleures de l'Europe, et sa puissance sur terre et sur mer était telle que la pensée
d'une monarchie universelle pût germer dans la tête
de Charles-Quint. En même temps que ses armes
perdirent leur supériorité, l'essor du commerce, de
l'agriculture, des beaux arts et de la littérature s'y
ralentit et l'heure du déclin sonna pour elle.

Avec de l'économie et une armée, un simple
électeur de Brandebourg, le père du grand Frédéric, le second roi de la Prusse alors un vaste
désert, jetait les fondements d'une puissance jus-
ques-là inconnue (1). A ce petit État, il n'aura fallu
qu'un siècle et demi pour acquérir, au préjudice de
tous ses voisins et au nôtre, des forces qui nous me-

(1) C. F. Voltaire. *Siècle de Louis XIV*, tome 2, chap. XXIV,
et *Précis du siècle de Louis XV*, chap. V.

nacent d'un notable amoindrissement, et lui confèrent, sur toute l'Allemagne, une suprématie qui lui
permettra peut-être d'en reconstituer, à son profit,
l'Empire à jamais perdu pour l'Autriche. Quand
cette dernière, en 1848, fut contrainte d'appeler la
Russie à son secours pour la défendre contre la
Hongrie insurgée, elle subit la plus dangereuse de
toutes les épreuves pour un État, qui jamais, à aucun prix, répète souvent Machiavel, ne doit recourir
à une armée étrangère : c'était le symptôme et le
prélude de sa dislocation prochaine. Instruite par
l'adversité, elle entreprend aujourd'hui de concilier
et de fondre ensemble les races diverses qui la composent, dans une monarchie constitutionnelle et fédé-
rative, destinée plus tard à englober toutes les populations danubiennes ; œuvre difficile et glorieuse,
dont le succès intéresse toute l'Europe civilisée,
puisqu'elle se trouverait ainsi, dans l'avenir, cou-
verte contre les débordements possibles du vaste
empire moscovite. Mais il est à craindre que le
caractère autrichien, d'une part, et de l'autre,

la faiblesse des institutions et des esprits, n'excluent la cohésion qui serait nécessaire pour rapprocher et réunir entre eux des éléments aussi hétérogènes.

La France, dans les plus grandes crises, a dû son salut à l'esprit militaire qui l'anime, au courage et à la discipline de ses excellentes troupes. Pendant la première révolution, elles l'ont défendue contre toute l'Europe. En juin 1848, ce sont elles et leurs héroïques généraux qui l'ont sauvée des horreurs d'une guerre civile : et la gloire qu'elles ont conquise sur tant de champs de bataille depuis les désastres de 1815, auraient infailliblement relevé son crédit et sa puissance, si la politique de ses gouvernements avait atteint le niveau de la valeur de ses soldats.

Machiavel traite légèrement les émeutes populaires, comme s'il eût oublié qu'à Florence elles avaient fini par mettre l'autorité absolue dans la maison des Médicis, en l'élevant sur les ruines de la République. La France, où elles ont produit des résultats analogues, a les meilleures raisons de les prendre au plus grand sérieux. Elles ont été jusqu'ici sans danger pour l'Angleterre, où le peuple façonné de longue main à la pratique de la liberté, sait se réunir en masse pour formuler ses demandes et les appuyer d'imposantes manifestations, sans jamais dépasser le point précis où commencerait la révolte. C'est ainsi qu'ils ont obtenu l'émancipation catholique, la loi des céréales, le bill de la réforme : successivement, par cette agitation pacifique, ils réussiront sans doute à mettre leurs institutions en harmonie avec les progrès de la science sociale. Dans ces conditions, on peut dire avec Jefferson : « Si les citoyens demeurent tranquilles, c'est une léthargie, symptôme précurseur de la mort de la liberté publique. Quel pays pourrait conserver sa liberté, si ceux qui gouvernent n'étaient avertis de temps en temps que l'esprit de résistance vit toujours dans le peuple ? »

Des gens qui n'ont pas su ou voulu comprendre Machiavel lui ont imputé cette maxime absolue :

diviser pour régner. — Dans un passage de son Histoire de Florence, où il explique sa pensée sur les divisions qui règnent dans un État, il dit formellement qu'il y en a qui nuisent et d'autres qui sont utiles. « Celles-là nuisent qui sont formées évidemment par « des partis, par l'esprit des factions ; celles-là sont « utiles qui se maintiennent sans sectes, sans partis, « sans factions, et qui ne sont que le résultat du rai- « sonnement, de l'intérêt du peuple et de la cité, » c'est-à-dire qui naissent naturellement du choc des opinions et des intérêts librement discutés, telles par exemple qu'elles subsistent au sein des gouvernements représentatifs, où le pouvoir et l'opposition vivent à l'état de lutte permanente, se combattant sans relâche sous la bannière de principes divergents. « Les divisions toujours nécessaires dans un « gouvernement républicain pour le maintenir, a « dit Montesquieu, ne pouvaient être que fatales « à celui des empereurs, parce qu'elles ne produi- « saient que le changement du souverain et non « le rétablissement des lois et la cessation des

« abus (1) ». Ainsi, les divisions peuvent, suivant les circonstances, produire le bien ou le mal. A Rome, elles ont eu successivement ces deux effets contraires. Si, d'un côté, elles perdent les États où le peuple ignorant, servile, se livre aux partis pour en devenir la proie, de l'autre, elles vivifient les empires fondés par ces races viriles, énergiques, chez lesquelles dominent les instincts élevés de l'homme, ceux qui constituent sa vraie supériorité. Tels étaient ces puritains de l'Angleterre qui, soutenus par une foi ardente, vinrent chercher une autre patrie dans le nouveau monde : au gouvernement de ces hommes libres et profondément religieux, le mouvement était nécessaire, comme aux arbres, la sève qui fait circuler la vie dans leurs derniers rameaux.

Restreint dans les limites qui viennent d'être posées, le principe de l'utilité des divisions dans un État peut être admis ; mais, pris dans un sens

____

(1) *Grandeur et décadence des Romains*, chap. XX.

absolu, il conduirait aux conséquences les plus fausses, les plus désastreuses ; toute l'histoire serait là pour le démentir, et Guicciardini l'a frappé d'une juste réprobation. C'est par les divisions que se sont perdues, la République romaine, les Républiques modernes de l'Italie et la monarchie élective de la Pologne. Ce sont elles qui, déchainant les factions, ont détruit en partie l'œuvre de 89 et relevé le pouvoir absolu, dont les fautes non moins funestes que celles de l'ancienne monarchie, ont causé les plus grands malheurs de la France et compromis peut-être son avenir. Une seule chance lui reste de ne pas subir une déchéance inévitable, qui la fasse descendre au second rang après avoir si longtemps occupé l'un des premiers : qu'elle rentre, pour n'en plus sortir, dans le grand courant des peuples libres ; qu'elle veille sans cesse sur ses droits une fois reconquis ; qu'elle n'oublie jamais qu'une certaine agitation peut se concilier avec l'ordre public, dans un pays où l'extrème division des propriétés et des fortunes a fait pénétrer l'esprit de conservation dans toutes les classes de la société ; qu'elle sache enfin se donner un gouvernement à la fois habile et national, capable de la maintenir entre les excès de la licence et l'énervement du despotisme ; à ces conditions seules, elle pourra reprendre son ascendant moral et cette initiative dans la civilisation, qui a fait sa gloire et sa force.

La question discutée dans ce chapitre a été résolue par Montesquieu, dans le même sens que par Machiavel : il soutient, après lui, que les divisions étaient nécessaires dans la République romaine et qu'elles y ont été utiles ; il combat l'opinion qui les condamne (1) ; c'était, comme on l'a vu, celle de Guicciardini qui la motive et la résume ainsi : « Dans les premiers temps, la discipline militaire contrebalança les mauvais effets de ces divisions, mais, pour les faire complètement cesser, on dut recourir à l'institution des tribuns qui rendirent à la longue le peuple maitre unique du pouvoir et, par là, causè-

____

(1) *Grandeur et décadence des Romains*, chap. IX.

rent la ruine de la République. » Par ce désaccord entre de tels esprits, on comprend combien il est difficile d'arriver à la certitude, voire même à la probabilité toutes les fois que, discutant les faits historiques, on entreprend de décider ce qui serait advenu si telle ou telle chose s'était faite ou ne s'était pas faite. Dans ce cas, il importe de ne se prononcer qu'avec la plus grande circonspection, et de ne jamais perdre de vue les sages réflexions que Guicciardini lui-même fait ailleurs (1) à ce sujet. « Combien, dit-il, on blâme de choses qu'on louerait, si l'on avait pu voir ce qui serait arrivé dans le cas où elles n'auraient pas eu lieu! Combien, au contraire, n'en loue-t-on pas qui seraient blâmées ! Dans le passé comme dans l'avenir, il ne faut pas juger de trop loin les choses de ce monde, sous peine de se tromper ; elles doivent être prises et résolues au jour le jour. Quelque solides et bien enchainés que puissent être vos raisonnements, il est toujours im-

(1) *Souvenirs politiques et civils*, **CCXV**, **CCLXXXIV**.

possible de répondre que, dans la pratique, il ne serait pas survenu telle ou telle circonstance, la plus légère de toutes, qui vous aura échappé, dont vous n'aurez pas tenu compte, et qui aurait suffi pour renverser tout l'échafaudage de vos conclusions, amener un résultat tout autre que celui auquel elles vous ont conduit. »

CHAPITRE V

A QUI, DU PEUPLE OU DES GRANDS, PEUT-ON LE PLUS SÛREMENT
CONFIER LA GARDE DE LA LIBERTÉ? QUELLES SONT LES CLAS-
SES LES PLUS PORTÉES AU DÉSORDRE, CELLES QUI VEULENT
ACQUÉRIR, OU CELLES QUI NE DEMANDENT QU'A CONSERVER?

SOMMAIRE.

Ceux qui penchent pour le peuple disent qu'il est
naturel de confier la garde de la liberté aux citoyens
les plus intéressés à la maintenir, et dont elle a le
moins à redouter les entreprises, puisqu'ils sont les
plus faibles. Les partisans de l'opinion contraire
voient, dans le pouvoir remis aux mains de l'aristocratie, le double avantage de satisfaire en même
temps son ambition et de détruire, à leurs racines,
les discordes et les troubles enfantés par l'humeur
inquiète du peuple. Ils font valoir l'exemple même
de Rome, où le peuple après avoir eu les tribuns,
voulut ensuite avoir un consul pris dans ses rangs,

puis deux, puis les dignités de censeur, de prêteur et successivement toutes celles de la République. Par animosité contre les patriciens, il se jeta dans les mains de leurs ennemis, et la puissance de Marius, qui fut son ouvrage, commença la ruine de Rome.

Tout bien considéré, il faut s'arrêter à cette conclusion. Un État veut-il s'agrandir ? Qu'il imite Rome et confie au peuple la garde de sa liberté : mais qu'il la remette entre les mains des grands, comme ont fait Sparte et Venise, s'il n'a d'autre but que de se conserver.

Les plus grands désordres peuvent naitre et du désir d'acquérir et de la crainte de perdre les biens acquis : l'un et l'autre rendent les esprits également inquiets. Mais chez les riches cette inquiétude est plus dangereuse ; en excitant leur insolence et leur ambition, elle entretient parmi les classes pauvres des sentiments d'envie, de haine et de vengeance.

SOMMAIRE

DES CONSIDÉRATIONS DE GUICCIARDINI

SUR LE CHAPITRE V.

La question est mal posée. Que signifie confier la garde de la liberté au peuple ou aux grands ? Il faut dire : entre les mains de qui, des grands ou du peuple, doit résider le pouvoir ? A Venise, il appartient exclusivement aux nobles. Lorsque tous y participent, on peut demander à qui doit être remise une autorité chargée spécialement de défendre la liberté, à des magistrats populaires ou à des nobles ? A Rome, il semble qu'elle fût confiée aux tribuns choisis parmi les plébéiens ; mais en réalité, les patriciens l'exerçaient également, les consuls et les dictateurs ayant la charge de défendre la liberté, comme on le vit, d'abord, dans l'affaire de Spurius Mélius et dans celle de Manlius Capitolinus et, plus tard, lors de la sédition des Gracques et de la conjuration de Catilina. La fonction des tribuns était de défendre, non la liberté, mais bien le peuple contre qui voulait l'opprimer.

Pour moi, je mettrai toujours beaucoup au-dessus de tous les autres un gouvernement mixte du genre de celui dont j'ai parlé ci-dessus : il est dans sa nature même de donner à la liberté une garantie suffisante, les nobles et le peuple s'y surveillant réciproquement, sans qu'il existe entre eux une démarcation tranchée qu'il faut toujours éviter. Mais quand un État est forcé de choisir pour son gouvernement entre le peuple et les grands, je crois qu'il se trompera moins en le confiant à ceux-ci. Comme ils ont plus de prudence, on peut espérer qu'il s'arrêteront à quelque combinaison raisonnable, plutôt qu'une multitude ignorante, remplie de toutes sortes de mauvaises qualités, de laquelle on ne saurait attendre que le désordre et la ruine de toutes choses. —

Le gouvernement de Rome était mixte et non populaire : ce dernier n'est propre ni à acquérir ni à conserver. Cette conclusion est conforme à l'avis de tous ceux qui ont traité des Républiques ; ils s'accordent à préférer le gouvernement des patriciens à celui de la multitude.

OBSERVATIONS SUR LE CHAPITRE V

« On vit manifestement , pendant le peu de temps
« que dura la tyrannie des décemvirs , à quel point
« l'agrandissement de Rome dépendait de sa liberté.
« L'État sembla avoir perdu l'âme qui le faisait mou-
« voir. »

    MONTESQUIEU. — *Grandeur et décadence des
    Romains,* chap. I.

« Les véritables intérêts du pauvre sont toujours
« conformes à la raison et à l'intérêt général. »

    TRACY. — *Économie politique,* chap. X.

Machiavel et Guicciardini, d'un commun accord.
donnent au gouvernement mixte la préférence sur
tous les autres. Après celui-là, Machiavel place la
démocratie que Guicciardini , penchant pour l'aristocratie, proclame, au contraire, le pire de tous.

L'exemple des États-Unis , depuis leur indépendance jusqu'à la dernière guerre civile dont ils ont

surmonté les dangers avec une incomparable vigueur, démontre que la démocratie, dans des conditions déterminées, peut mener les affaires du plus grand État avec autant de suite et d'habileté qu'une aristocratie, quelle qu'elle soit. Après avoir traversé la crise la plus redoutable, sans porter la plus légère atteinte aux lois existantes, la République américaine, depuis la paix, est revenue, d'une armée d'un million et demi de soldats, au modeste effectif de dix-sept mille hommes. Jusqu'aux généraux, tous, vainqueurs et vaincus, sont rentrés dans la vie civile, et les plus illustres capitaines, les Grant, les Sherman, après avoir sauvé leur pays, n'ont pas ambitionné d'autre récompense que la gloire de compter au nombre de ses plus grands citoyens. Un peuple ainsi fait, doué des qualités civiques, de l'intelligence et de la moralité qui s'acquièrent par la participation aux affaires publiques, est celui dont Machiavel veut parler. Il n'a rien de commun avec la multitude, telle que l'entend Guicciardini ; celle qu'on retrouve dans toute l'histoire ancienne et moderne, allumant la guerre civile dans les Empires pour les livrer ensuite au despotisme : celle-là mérite l'animadversion des vrais amis de la liberté, par tout le mal qu'elle lui a fait.

Le gouvernement aristocratique, dit Machiavel, convient aux États qui ne veulent que vivre sans s'agrandir ; en s'étendant ils courent à leur perte. A ce principe, qu'il appuie de l'exemple de Venise, il semble d'abord qu'on puisse opposer l'Angleterre. Mais, par sa position insulaire, la plus favorable de toutes à la sûreté d'un État, elle est placée dans des conditions exceptionnelles qui lui permettent, avec une marine assez fortement organisée pour assurer sa domination sur les mers, de mettre ses côtes à l'abri de toute atteinte. De là dérive aussi la sécurité dont elle jouit pour les institutions qui la régissent : un amiral qui rentre au port avec une flotte victorieuse ne dispose pas, pour attenter à la constitution de son pays, des mêmes ressources et des mêmes facilités qu'un général à la tête de ses légions. Aussi a-t-elle pu planter son drapeau sur tous les points du globe, sans rien perdre de ses libertés nationales, tandis que Rome a vu toutes les siennes tomber une à une, à mesure qu'elle étendait ses conquêtes.

Déjà, dans le Prince, Machiavel avait dit : « Il est « impossible de contenter les grands sans injustice « et sans dommage d'autrui ; il n'en est pas de même « du peuple. Ses désirs peuvent être légitimement « satisfaits. Il ne demande qu'à n'être pas opprimé, « tandis que l'oppression est le but des grands. »

En effet, que peut demander le peuple, si ce n'est le droit et la justice pour tous ? Il n'a ni priviléges à conserver, ni monopoles à défendre, tandis que toute aristocratie est pourvue de positions faites, de droits acquis qu'elle veut à tout prix maintenir. Ainsi, dans toute association d'hommes régie par les lois essentielles de l'ordre moral, et fondée sur la communauté de droits de tous les membres qui la composent, c'est sur la base des intérêts du peuple, identiques avec l'intérêt général, que le gouvernement doit être établi.

Ce fut pour consacrer ce grand principe que Siéyes et Mirabeau, après de longs et orageux débats dans l'Assemblée constituante, firent adopter la formule de *peuple Français*, *Souveraineté du peuple* (1), ultérieurement et de nouveau promulguée par la Convention. Elle renfermait implicitement la conséquence, que la législation civile et politique doit avoir pour unique régulateur les intérêts des citoyens pris en masse, et considérés comme formant une grande famille, sans aucune distinction de classe.

Sans doute, le peuple ne saurait gouverner par lui-même ; mais il faut que la constitution lui fasse sa part légitime dans les pouvoirs publics ; qu'elle

____

(1) A l'égard des associés, ils prennent collectivement le nom de *peuple*, et s'appellent en particulier *citoyens*, comme participant à l'autorité souveraine, *sujets*, comme soumis aux lois de l'État.

Contrat social, liv. I, chap. VI.

C'est le peuple qui règne en quelque sorte d'État que ce soit, car dans les monarchies mêmes, c'est le peuple qui commande et qui veut par la volonté d'un seul homme. Les particuliers et les sujets sont ce qui fait la multitude.

Hobbes, *Du Citoyen*, sect. 2 ; *L'Empire*, chap. XII, § VIII

lui fournisse les moyens réguliers de veiller sur ses intérêts, de les défendre contre les intérêts particuliers, et souvent contraires, des citoyens en possession de la puissance que donnent la richesse et l'éducation. Car s'il ne trouve pas dans l'ordre de choses existant un remède à ses souffrances, ses colères longtemps accumulées finissent par rompre toutes les barrières qui lui faisaient obstacle. En France, il lui a suffi de quelques journées, pour faire cruellement expier à la cour et à l'aristocratie une oppression de plusieurs siècles.

Par l'habileté de sa conduite, par des concessions faites à temps et, surtout, par sa grande et nationale politique, l'oligarchie anglaise a su défendre ses priviléges et conserver la plus grande part dans le gouvernement de son pays. De nos jours, on la voit se résigner à compter avec les classes dont l'influence grandit sans cesse ; et, par le bill de la réforme, elle vient elle-même de déplacer le pouvoir pour le faire pencher du côté du peuple.

Les populations germaniques, au milieu desquelles

l'antique édifice de la féodalité s'était maintenu presque intact, se sont agitées à leur tour sous l'action de la révolution française : elle les a aussi fortement secouées dans l'ordre des intérêts temporels, que Luther dans le domaine des choses spirituelles. Ensuite a surgi le grand mouvement philosophique qui, commencé par Kant et continué par Fichte, Schelling et Hégel, a remué tant d'idées et si profondément ébranlé la puissance des traditions religieuses et politiques. La Prusse, devenue presque l'arbitre de l'Allemagne, sera bien forcée de tenir compte de cette disposition des esprits ; pour conserver la prépondérance que ses armes lui ont acquise, elle doit avoir la sagesse de donner une entière satisfaction aux aspirations nouvelles des peuples sur lesquels s'étend son autorité. C'est le seul moyen de ne pas subir les mêmes épreuves que la monarchie française, et de s'assurer la haute direction dans les affaires de la vaste confédération qu'elle est en train d'organiser.

CHAPITRE VI

SOMMAIRE.

Les principes sur lesquels un État doit régler sa
politique se déterminent par le but vers lequel il
tend.

Une République vise-t-elle à la domination et à la
conquête ? Qu'elle prenne Rome pour modèle et qu'elle
fasse, dans sa constitution, la part des discordes civiles. Car une République ne saurait s'agrandir et
conserver ce qu'elle a conquis, sans une population
nombreuse et aguerrie. Or un peuple puissant par le
nombre et par les armes est nécessairement enclin à
la sédition. De Rome, faites une ville paisible, sans
tumultes et sans désordres, jamais elle ne deviendra
la ville du peuple Roi.

Voulez-vous que votre République, sans sortir de ses limites, puisse seulement s'y maintenir ? Constituez-la à l'instar de Sparte et de Venise. La première, avec un Roi et un sénat peu nombreux, reste confinée dans son petit territoire et dans sa faible population, qu'elle empêche de s'accroître par l'exclusion de tout étranger et par d'autres mesures politiques conçues dans le même esprit. A Venise, les citoyens établis les premiers dans les lagunes, dès qu'ils s'y trouvent assez forts, composent entr'eux une classe à part, distinguée par la qualité de *Nobles*, et tous les nouveaux arrivants, confondus sous le nom de *Peuple*, sont écartés des conseils de l'État, exclus de toute participation aux affaires publiques. Aussi, dès qu'elles veulent s'étendre, ces deux Républiques marchent à leur perte, — leur constitution leur permettait de vivre et non de grandir.

Un État qui tiendrait le milieu entre Sparte et Venise, d'un côté, et Rome de l'autre, serait en apparence le plus solide de tous. Assez fort pour qu'il fût dangereux de l'attaquer, mais pas assez pour que ses voisins eussent à redouter ses attaques, il semblerait devoir trouver dans cette constitution tempérée la garantie d'une longue existence.

Cependant comme rien n'est stable dans les choses de ce monde, que tout y est soumis à un mouvement continuel de progrès ou de décadence, un État fondé sur la base du *statu quo* ne saurait durer. Les mieux constitués sont ceux qui peuvent progresser, se conserver tout en s'agrandissant.

Telle était Rome, le modèle le meilleur à suivre, malgré les divisions qui existaient entre le peuple et le Sénat. Ces divisions firent la grandeur et la puissance de la République. C'est qu'ici bas, rien n'est parfait : toute chose a ses inconvénients ; la meilleure n'est que celle qui en présente le moins.

SOMMAIRE

DES CONSIDÉRATIONS DE GUICCIARDINI

SUR LE CHAPITRE VI.

Les Romains ne voulant recourir qu'à eux-mêmes pour leurs armées, étaient forcés, en raison du petit nombre des patriciens, de les composer avec le peuple. Ils devaient donc s'attacher à le contenter. Mais les patriciens ne surent pas s'y résoudre ; de là tant de tumultes et de séditions qui n'auraient jamais eu lieu si, dès l'origine, comme je l'ai dit au quatrième discours, la distinction entre les patriciens et les plébéiens n'eùt pas existé, ou si, comme on le fit depuis par nécessité, on eùt rendu les honneurs communs aux uns et aux autres. Ainsi, non-seulement il ne me semble pas vrai de dire qu'il était impossible d'ordonner le gouvernement, de telle manière qu'entre le peuple et le sénat ces divisions ne régnassent pas, mais je crois que la chose eût été très-facile ; et puisque cela pouvait se faire, on ne saurait louer tous ces défauts du gouvernement, qui remplirent la ville de troubles et rendirent nécessaire la création des tribuns, magistrature devenue par la suite plus nuisible qu'utile, en raison des **grands** pouvoirs dont elle était investie.

OBSERVATIONS SUR LE CHAPITRE VI

> « Un peu d'agitation donne du ressort aux âmes,
> « et ce qui fait vraiment prospérer l'espèce, est
> « moins la paix que la liberté. »
>
> J.-J. Rousseau. — *Contrat social*, ch. ix, note.

La politique d'un gouvernement dérive de ses principes constitutifs, du but général vers lequel il tend. Elle est donc essentiellement relative et ne saurait jamais se déterminer *à priori*, par des règles absolues.

Prenez un peuple plein d'activité, d'énergie, d'ambition, doué d'une force d'expansion par laquelle il tende à agir sur les États voisins, pour se les assimiler, soit par ses armes, soit par son industrie, par son commerce, par ses mœurs, par ses idées, par ses lois : tenez pour certain qu'il se donnera, tôt ou tard, un gouvernement démocratique : qu'il renver-

sera les barrières élevées entre les citoyens par la naissance, par la richesse, par les priviléges de caste, pour les appeler tous à la discussion des affaires publiques, et ouvrir entre tous les membres de la communauté, un immense concours, d'où sortira, par la somme des efforts de chacun, un haut degré de puissance et de prospérité nationale. Ce fut la République qui mit aux mains de Napoléon ces soldats invincibles, ces habiles capitaines sans lesquels, avec tout son génie, il n'eùt jamais aussi profondément remué l'Europe. « C'est une
« chose bien remarquable, disait-il à Sainte-Hé-
« lène, que le nombre de grands généraux qui ont
« surgi tout à coup dans la révolution : Pichegru,
« Kléber, Masséna, Marceaux, Desaix, Hoche, etc.,
« presque tous de simples soldats ; mais aussi là sem-
« blent s'être épuisés les efforts de la nature ; elle n'a
« plus rien produit depuis, je veux dire du moins de
« telle force. C'est qu'à cette époque tout fut donné au
« concours parmi trente millions d'hommes, et la na-
« ture doit prendre ses droits, tandis que plus tard

« on était rentré dans les bornes plus resserrées de
« l'ordre et de la société. » De ce contraste entre
les deux époques, il aurait pu, s'il fût allé jusqu'au
bout de son raisonnement, conclure les résultats
qu'elles ont produits : d'un côté, la France respectée,
puissante, telle qu'il l'avait reçue des mains de la
République ; de l'autre, la nation vaincue, humiliée,
déchue de son rang, telle qu'il la laissait après lui.

Combien de gouvernements sont tombés pour
avoir méconnu le principe de Machiavel, qui leur
prescrit de suivre une politique conséquente à leur
origine, et au but qu'elle leur assigne ! Le roi Louis-
Philippe ne pouvait, sans doute, pratiquer la propagande révolutionnaire, sur le terrain de laquelle l'opposition démocratique voulait l'attirer, et d'où elle
lui fit, pendant toute la durée de son règne, une
guerre à outrance. Élevé sur les marches du trône
d'où venait de descendre la branche ainée de sa
famille, il avait à suivre la ligne de conduite que lui
traçait la nécessité, au dedans, de se consolider, et
au dehors, de gagner, dans l'intérêt de sa diplomatie,

la bienveillance des cours de l'Europe. Mais, prince éclairé et libéral, il ne devait jamais perdre de vue son point de départ, les leçons de sa grande expérience, qui lui enseignait combien il importe de savoir céder à temps et d'accorder spontanément, de bonne grâce, ce qu'il sera plus tard impossible de refuser. En se retranchant dans une résistance inopportune au mouvement de réforme qui agitait les esprits, il fortifiait l'opposition par cette opiniâtreté sénile. Il ne prêtait pas moins le flanc à ses attaques, dans les affaires extérieures, et par une condescendance manifeste aux exigences hautaines de l'Angleterre, froissait maladroitement les susceptibilités de l'amour-propre national, surtout dans la question d'Orient, en 1840, et à l'occasion de l'indemnité Pritchard, qui eut un si fâcheux retentissement.

La République de 1848 tomba dans la même inconséquence avec ses principes, en gardant l'attitude pacifique et conservatrice de la monarchie à laquelle elle succédait. Après avoir sauvé le pays

de l'anarchie, dans les journées de juin, le général Cavaignac, plus honnête homme et meilleur
soldat qu'habile politique, crut qu'il avait assuré
le nouvel ordre de choses et s'abandonnna à une
sécurité trompeuse. Il ne prit pas garde que sa
victoire même et les dangers qu'elle avait conjurés,
pouvaient frayer les voies à un gouvernement de
réaction. Pour échapper à ce péril, il devait, tout
en maintenant l'ordre à l'intérieur, travailler à étendre au dehors le cercle de l'agitation révolutionnaire, prendre ouvertement le parti des insurrec-
tions qui venaient d'éclater en Italie et en Allemagne,
— au besoin, les soutenir par les armes, — en
un mot, arborer hautement le drapeau sous lequel
le parti démocratique n'avait cessé de battre en
brèche le règne précédent. Cette politique eût été
celle-là même que le comte de Bismark, chez qui la
hardiesse s'allie si bien à une prudence consommée,
se proposait de suivre, en 1866, à l'égard de l'Autriche, si la lutte contre cette puissance avait dû se
prolonger ; et n'offrait-elle pas plus de chances de

succès à la France de 1848, qui, devenue l'appui et l'avant-garde des peuples dans la cause de la liberté, pouvait compter sur leurs sympathies et sur leur concours.

Le second Empire est dans de tout autres conditions. Si, pour atténuer la faute, malheureusement irréparable, qu'il a commise d'aider la Prusse, notre plus redoutable ennemie, à accroître démesurément sa puissance, et dans le but d'arrêter l'essor de son ambition menaçante, il était amené à lui faire la guerre, non-seulement, il n'aurait plus pour auxiliaires les peuples de l'Allemagne, mais il la verrait toute entière se soulever contre lui, entraînée par le mouvement irrésistible qui l'emporte aujourd'hui vers l'unité.

Pour Machiavel, les sociétés dans leur évolution obéissaient à un mouvement circulaire, qui les faisait successivement repasser par les mêmes états. Cependant condamner, comme il le fait dans ce chapitre, les constitutions qui ne peuvent durer qu'à la condition de ne pas changer, n'est-ce pas là recon-

naitre implicitement la loi du progrès, cette idée
dominante de la philosophie moderne? Il avait trop
profondément médité l'histoire, pour n'y avoir pas
appris que le temps renversait tôt ou tard les barrières élevées par la main des législateurs, contre
les modifications incessantes qu'il produit dans toutes
les choses de ce monde. Ainsi pour lui, l'ordre était
inséparable du progrès. Dans son esprit, ces deux
conditions du problème de l'organisation sociale se
trouvaient indissolublement unies, et toute constitution qui ne satisfaisait pas à l'une et à l'autre, en
même temps, était, par cela même, radicalement
frappée d'impuissance et condamnée bientôt à périr.

CHAPITRE VII

SOMMAIRE.

La meilleure garantie pour les institutions d'un peuple libre, réside dans le droit dévolu à tout citoyen d'accuser, devant un tribunal, quiconque ose porter atteinte à la constitution. Ce droit est à la fois une barrière contre les mauvais desseins inspirés par l'ambition, et une issue ouverte aux passions populaires. A Rome, où les tribuns en étaient investis, le peuple aurait allumé une guerre civile, s'il n'eût pas disposé d'un moyen légal pour faire éclater son ressentiment contre Coriolan, dont la condamnation fut prononcée par les comices assemblés en tribus.

A Florence, une révolution n'aurait pas eu lieu par le fait de François Valori, si la loi eût autorisé la mise en accusation de ce citoyen riche et ambitieux. Les mêmes réflexions s'appliquent aux événements qui y furent suscités par Pierre Soderini. Si, au lieu de donner à huit juges seulement le droit de connaître des crimes commis contre le peuple, Florence avait institué un tribunal redoutable et nombreux, où le peuple en corps eût été réellement juge lui-même ; armé de ce moyen d'assouvir sa haine contre Soderini, il n'aurait pas appelé l'armée d'Espagne, — parti extrême qui causa la ruine de sa liberté.

SOMMAIRE

DES CONSIDÉRATIONS DE GUICCIARDINI

SUR LE CHAPITRE VII.

Il est certainement très-utile, on peut dire même nécessaire, qu'une ville soit pourvue de moyens faciles de contenir, par les lois et par des jugements, les mauvais citoyens et, en particulier, ceux qui ourdiraient quelque machination contre l'État. Mais il n'importe pas moins que les innocents ne puissent être facilement poursuivis, ni punis. Un citoyen frappé d'une injuste condamnation peut, s'il est homme de grande valeur, faire beaucoup de mal à la République, comme on l'a vu par les exemples d'Alcibiade, de Thémistocle et de Coriolan.

Il y a beaucoup de danger à rendre le peuple juge

des accusations ; incapable de bien entendre, de bien examiner les choses, il se laisse facilement entrainer par les bruits publics et par les calomnies. D'un autre côté, il ne convient pas que ce droit de juger soit seulement entre les mains de quelques-uns qui, dans ce cas, acquièrent trop de pouvoir. Il faut trouver un milieu entre ces deux inconvénients, et, sans trop restreindre le nombre des juges, faire en sorte qu'ils soient le plus possible des hommes de choix, plus près de la condition moyenne que de l'une ou de l'autre des classes extrêmes.

OBSERVATIONS SUR LE CHAPITRE VII

« Dans les cas où l'intérêt politique force, pour
« ainsi dire, l'intérêt civil, il faut, pour y remédier,
« que les lois pourvoient, autant qu'il est en elles,
« à la sûreté des particuliers. »

Esprit des lois, livre VII, chap. V.

Les discours ont fourni à Montesquieu l'idée première, et une foule d'idées accessoires, pour la composition de son beau livre sur les causes de la grandeur et de la décadence des Romains. Nourri, comme il l'était, des écrits de Machiavel, il pourrait encourir le reproche de n'avoir pas fait assez ressortir tout ce qu'il lui devait. Dans ses ouvrages, on trouve une seule fois le nom de celui qu'il appelle un grand homme (1). C'est à propos de l'opinion qu'il émet dans ce chapitre, sur l'uti-

---

(1) *Esprit des lois*, liv. VI, chap. V. On ne rencontre plus ensuite

lité des tribunaux politiques, composés d'un grand nombre de juges, devant lesquels le peuple ait le droit de traduire tout citoyen qui viole la constitution. En adoptant le principe, l'auteur de l'*Esprit des lois* demande que, dans l'application, aucune mesure ne soit négligée pour prévenir les erreurs déplorables auxquelles la passion pourrait entrainer le peuple, juge dans sa propre cause : c'est le danger signalé par Guicciardini. Pour en mesurer toute l'étendue, il suffit de se rappeler nos tribunaux révolutionnaires, les monstrueuses condamnations du vertueux Bailly, de l'immortel Lavoisier, du sage Condorcet, du jeune et brillant poète André Chénier, de l'héroïque madame Roland et de tant d'autres nobles victimes. « Il y a du tigre dans l'homme, » disait Frédéric-le-Grand ; et, dans les temps agités par les passions religieuses ou politiques, lorsque cette bête féroce que chacun porte en soi n'est ni retenue par le frein de l'éducation, ni en-

que cette courte mention, au dernier chapitre du livre **XXIX**e, « Machiavel était plein de son idole, le duc de Valentinois ».

chaînée par la terreur des lois, on ne juge plus, on tue : on fait la Saint-Barthélemy ou les massacres de septembre.

En Angleterre, il existe une juridiction spéciale pour les crimes et les délits politiques. La chambre des communes a seule le droit d'accusation et, si elle décide qu'il y a lieu de poursuivre , elle renvoie l'accusé devant la chambre des Lords.

En France, sous la dernière monarchie, la chambre des Pairs connaissait seule des crimes politiques ; elle pouvait aussi juger les ministres, mais il appartenait à la chambre des députés de les mettre en accusation.

Aux États-Unis, le Congrès, produit d'élections libres régies par le principe du suffrage universel, et, par suite, représentation fidèle du peuple et de ses intérêts, peut accuser, devant le sénat qui les juge, tous les fonctionnaires quels qu'ils soient, jusqu'au premier magistrat de la république, ainsi qu'on l'a vu par l'exemple récent du président Johnson. Dans de telles conditions, se trouve réalisé le tribunal démocratique tel que le veut Machiavel, avec toutes les garanties réclamées par Guicciardini : c'est-à-dire un conseil d'hommes d'État, chargé de défendre les droits et les intérêts du peuple, de sauvegarder ses libertés, sans jamais subir la pression de ses passions mobiles et violentes ; fermement résolu à maintenir les agents du gouvernement, de quelque ordre qu'ils soient, dans la lettre et dans l'esprit de la constitution ; à poursuivre tous les abus de pouvoir, sans distinction de personnes.

CHAPITRE VIII

AUTANT LES ACCUSATIONS PEUVENT ÊTRE UTILES DANS UNE RÉPU-
BLIQUE, AUTANT LES CALOMNIES Y SONT DANGEREUSES.

SOMMAIRE.

Manlius Capitolinus, jaloux des honneurs rendus à Camille, pour avoir délivré Rome de l'oppression des Gaulois, sème parmi le peuple les bruits les plus injurieux contre son rival, et, entr'autres, que le trésor avec lequel on devait se racheter des Barbares ne leur avait point été remis ; que des citoyens s'en étaient emparés au lieu de le rendre à l'État. Comme le peuple commençait à s'agiter, le sénat élit un dictateur qui somme Manlius de faire connaitre dans quelles mains se trouvait cet argent, qu'il prétendait avoir été enlevé. Ne pouvant obtenir que des réponses évasives, il le fait trainer en prison.

Ce trait, qui met en évidence le danger des calomnies, indique en même temps le remède à ce fléau des républiques, et de tous les gouvernements.

Il faut que la loi donne à tout citoyen la faculté d'en accuser un autre, sans qu'il ait rien à redouter.

En négligeant de bien régler cette matière, on expose l'État aux plus graves désordres. De là sont venus tous les troubles qui ont causé la ruine de la république florentine. Tous les citoyens mêlés aux affaires publiques s'y trouvaient en butte aux calomnies les plus odieuses. On les qualifiait d'ambitieux, de voleurs, de traîtres. Ainsi s'alluma la guerre civile entre les amis de Giovanni Guicciardini et ses ennemis, qui l'accusaient de s'être laissé corrompre par les Lucquois, parce qu'il avait levé le siége de leur ville : malheurs qu'on eût évités s'il. avait existé un tribunal pour entendre les accusations, et punir la calomnie. On aurait moins accusé qu'on n'a calomnié, parce que l'un est plus difficile que l'autre.

Ainsi forcez les calomniateurs à devenir accusateurs, et si l'accusation est reconnue fausse, que l'auteur en soit puni, comme le fut Manlius.

SOMMAIRE

DES CONSIDÉRATIONS DE GUICCIARDINI

SUR LE CHAPITRE VIII.

Les calomnies sont détestables, mais si naturelles dans une ville libre, qu'il est difficile et peut-être impossible de les arrêter ; car, s'il s'élève une imputation fausse à la charge d'un citoyen, soit par la méchanceté de qui en est l'auteur, soit par erreur, comment peut-on empêcher qu'elle ne se répande dans la multitude, plus disposée à croire le mal que le bien ? Il ne manque jamais de gens qui, par haine ou par envie, fomentent ces bruits. A Rome, par exemple, qui avait ouvert une voie si facile et si large aux accusations, combien n'en vit-on pas de fausses s'élever contre des citoyens tels que

Fabius Maximus et contre tant d'autres ? On ne saurait, dans tous les cas, accuser ou punir celui qui
calomnie à tort ; c'est sur le papier seulement qu'on
peut trouver de prompts remèdes à tous les désordres publics. Ainsi, chez un peuple libre, il y eut et
il y aura toujours une foule de calomniateurs. Dans
une ville bien ordonnée, il suffit que les calomnies
dangereuses, comme celles de Manlius Capitolinus,
qui tendaient à soulever le peuple contre le sénat,
soient réprimées ; les autres se détruisent d'elles-
mêmes et par la force de la vérité. — L'élévation
de Cosmes de Médicis, auquel Machiavel fait allu-
sion, sans le nommer, n'a pas été due aux calomnies, mais bien à sa prudence et surtout à ses
grandes richesses, avec lesquelles il put facilement
corrompre les citoyens de Florence dont le gouvernement mal organisé était, par sa constitution
même, en proie aux séditions.

OBSERVATIONS SUR LE CHAPITRE VIII

> « Ceux qui sont dans le ministère de l'État sont
> « obligés d'imiter les astres qui, nonobstant les
> « abois des chiens, ne laissent pas de les éclairer et
> « de suivre leur cours ; ce qui doit les obliger à
> « faire un tel mépris de pareilles injures, que leur
> « probité n'en puisse être ébranlée, ni eux détournés
> « de marcher avec fermeté aux fins qu'ils se sont
> « proposées pour le bien de l'État. »

Testament politique du cardinal de Richelieu, ch. VIII, sect. IV.

La calomnie, cette plaie des États libres, sur laquelle gémissent les amis les plus éclairés et les plus sincères des constitutions démocratiques, est un mal que l'on chercherait vainement à extirper, puisqu'il prend sa source dans des passions inhérentes au cœur humain. N'épargnant personne, elle attaque surtout ceux qui s'élèvent au-dessus du niveau commun, et travaille, dans l'ombre, à salir les réputations les plus pures. En butte aux attaques violentes, aux plus odieuses imputations de ses ennemis politiques, les fédéralistes, Jefferson disait que si Washington, doué d'une sensibilité poussée jusqu'à l'excès, s'était vu l'objet d'une animosité semblable, les services de ce grand homme eussent été perdus pour son pays. Et cependant, que de grossiers outrages n'avait-il pas eus, lui-même, à subir de la part de journaux hostiles, qui ne le ménageaient guère !

Dans les pays libres, la vie publique n'est pas faite pour les natures d'une exquise délicatesse, que les injures troublent et affectent profondément ; elle y requiert le calme et le sang-froid du soldat aguerri, sur le champ de bataille, la ferme résolution d'accomplir ses devoirs, sans jamais être arrêté par la crainte de se faire des ennemis, d'essuyer le feu de leurs injustices et de leurs invectives. L'homme politique en prend son parti, comme d'un mal nécessaire, conséquence inévitable d'institutions

tendant, par leur nature même , à mettre en jeu les
passions les plus mauvaises ; il accepte la lutte et,
loin de l'abattre et de le décourager, elle l'exalte,
ravive en lui le sentiment de sa force, de sa dignité
personnelle : le tenant toujours en haleine, elle le
stimule énergiquement à ne rien négliger pour se
rendre moins vulnérable , et se corriger, au besoin,
si le mal qu'on dit de lui était vrai.

Machiavel veut que la loi offre un moyen régulier
de confondre la calomnie, en traînant l'accusateur
devant des juges institués pour prononcer sur les
délits de diffamation. En France, les tribunaux ordinaires sont ouverts à tous les citoyens pour les protéger contre les atteintes portées à leur considération
personnelle. Mais cette protection leur est accordée
dans le cas seulement où les accusations ont été
articulées soit dans des lieux publics, soit par la
voix de la presse; et les Basiles de tous les temps,
de tous les lieux, savent comment il faut s'y prendre,
pour débiter leur poison, sans tomber sous le coup
de la loi. Dans ce cas, l'honnête homme, fort du

témoignage de sa conscience, n'a pas de meilleur remède contre les injures, que de les mépriser, de les oublier, et de faire, comme disait Frédéric, « sa station en bon cheval de poste, ne s'embarrassant pas des roquets qui aboient en chemin. »

Aux États-Unis, le droit d'accusation a pris la plus grande extension qu'on puisse lui donner. Il y est dévolu à tout citoyen, non-seulement pour toute atteinte directe à ses intérêts personnels, mais encore pour tous les dommages que peut lui causer indirectement, et par contre-coup, une mauvaise administration de la chose publique. Cette extension se concilie naturellement avec l'esprit général de la législation américaine, qui consiste à identifier chaque citoyen avec la communauté dont il fait partie, de telle sorte que les affaires de celle-ci se confondent dans les siennes propres.

CHAPITRE IX

IL EST DE TOUTE NÉCESSITÉ QUE CE SOIT UNE VOLONTÉ UNIQUE QUI PRÉSIDE, SOIT A L'ORGANISATION D'UN ÉTAT, SOIT A UNE RÉFORME RADICALE DE SES INSTITUTIONS.

SOMMAIRE.

Qu'il s'agisse, soit de créer de toutes pièces une République ou une Monarchie, soit d'y opérer des réformes radicales, la conception du plan à suivre, les détails de son exécution, ne peuvent être dévolus qu'à un seul homme. Ce n'est donc pas seulement un droit, mais un devoir, pour tout législateur prévoyant, de s'emparer du pouvoir absolu, à la condition qu'il n'ait en vue que le bien public, et qu'il ne soit pas mu par un intérèt personnel, ou de famille.

Mais si, par le défaut d'accord et d'unité qu'elle présente, une réunion d'individus est impropre à

fonder ou à réformer une constitution, par cela
même, elle offre des garanties contre le renversement de ce qui a été une fois établi.

Le fondateur ou le réformateur de l'État ne doit
donc pas transmettre héréditairement l'autorité absolue, dont la nécessité lui faisait une loi de s'emparer ; car les expédients, auxquels il n'avait eu recours que sous l'inspiration du devoir, pourraient
être employés par son successeur dans un intérêt purement personnel. C'est d'après ces principes, et
non sur les moyens d'éxécution, que doivent être
jugés les fondateurs et les réformateurs d'Empires.
Ainsi, Romulus qui, pour constituer la République,
tue son frère de sa propre main, et laisse assassiner
Titus Tatius, qu'il avait lui-même associé à la royauté, n'en est pas moins resté dans l'histoire comme un
grand homme. C'est qu'en agissant ainsi il n'avait
en vue que l'intérêt public, et non les intérêts de
son ambition personnelle. Car, une fois resté maître
du pouvoir, il crée un sénat avec lequel il délibère
sans cesse, et dont les avis le dirigent en toute cir-

constance. Aussi l'ordre qu'il avait établi fut-il religieusement respecté par Rome devenue libre, après l'expulsion des Tarquins ; elle n'y toucha que pour substituer deux consuls annuels à la royauté viagère de Romulus.

Les principes qui viennent d'être posés trouvent leur confirmation dans toutes les pages de l'histoire. Moïse, Lycurgue, Solon et tant d'autres fondateurs de Républiques et de Monarchies n'auraient jamais pu réussir, sans l'autorité absolue qui fut remise entre leurs mains. Si la puissance des Macédoniens, et la faiblesse de toutes les autres Républiques de la Grèce, n'avaient pas mis un obstacle invincible au rétablissement de la République à Sparte, elle y eût été infailliblement relevée par le successeur du roi Agis, par Cléomène, qui fit massacrer les éphores et tous les citoyens ennemis de son projet. S'il avait réussi, il se serait acquis une gloire égale à celle de Lycurgue.

SOMMAIRE

DES CONSIDÉRATIONS DE GUICCIARDINI

SUR LE CHAPITRE IX.

———

Il n'y a pas de doute qu'un seul ait plus d'aptitude à bien ordonner les choses que plusieurs, et que, dans une ville en désordre, il soit digne d'éloges si, ne pouvant pas autrement la réorganiser, il a recours à la violence, à la ruse, et aux moyens extraordinaires. Mais il faut prier Dieu que les Républiques ne soient pas soumises à cette dure nécessité. D'abord, sous cet honnête prétexte, il est possible, — tant est grande la fausseté des hommes, — que la tyrannie s'établisse ; et il y a danger que les intentions, bonnes dans le principe, ne deviennent mauvaises. Celui qui s'est emparé de l'autorité, ne pouvant pas la déposer aussitôt après avoir constitué les lois, et se trouvant obligé de la conserver quelque temps pour la consolider, il peut arriver qu'il se corrompe par la douceur du pouvoir et par la licence d'un commandement sans frein. C'est donc là une espèce de remède, bon quand il ne reste pas d'autre chance de salut, mais dangereux et d'un mauvais exemple. On ne saurait trop applaudir à qui ne retient cette autorité, qu'autant qu'il le faut pour remettre les choses en bon ordre ; mais celui qui la conserve tant qu'il vit, je ne sais jusqu'à quel point on doit le louer, lors même qu'il gouverne sagement et qu'il laisse après lui l'État bien assis et réglé. Il ne peut avoir eu pour mobile que son ambition ; et quoique ce qu'il a fait soit utile à l'État et non détestable, comme dans le cas où il use mal du pouvoir qu'il a usurpé, cependant, il n'est pas lui-même exempt de reproche. Quant à Romulus, pour s'appuyer de son exemple, il faudrait que sa vie fût mieux connue qu'elle ne l'est.

OBSERVATIONS SUR LE CHAPITRE IX

« En définitive, ce n'est pas de spéculation
« et de théorie qu'il s'agit dans les affaires de
« ce monde, mais de pratique et de résultats. »
TRACY. *Commentaire sur Montesquieu.*

On a lieu d'être surpris que Machiavel, homme
d'état pratique, choisisse, pour appuyer ses raisonnements, des faits très-discutables, pris dans la
vie de personnages dont on sait bien peu de chose.
Tel est Romulus qu'il donne comme exemple, pour
s'être débarrassé, par un double homicide, de son
frère et de son compagnon. Il le justifie en s'appuyant sur deux principes : la raison d'État et la
nécessité d'une dictature, soit pour organiser de
toutes pièces, soit pour réformer radicalement la
constitution d'un peuple. A ses décisions tranchan-
tes, absolues, Guicciardini oppose sa réserve habi-

tuelle, sa modération antipathique aux solutions radicales, aux partis extrêmes, vers lesquels penche l'auteur des *Discours*, surtout dans ce chapitre où reparait le publiciste impitoyable du *Prince*, exposant froidement la théorie de l'assassinat politique, avec un cynisme bien fait pour révolter tous les cœurs honnêtes. Heureusement l'expérience, non moins que le sens moral, condamne ces doctrines perverses. Ceux qui trempent leurs mains dans le sang ne profitent jamais de leurs crimes. S'ils pouvaient réussir, leur triomphe serait d'une bien courte durée. A Rome, le poignard qui frappa le premier ministre Rossi atteignit, du même coup, le parti soupçonné d'avoir conduit la main de l'assassin : et les conspirateurs qui viennent d'égorger le prince Michel de Servie, n'auront fait que raffermir la couronne sur la tête du jeune Milano, son neveu et son héritier.

Le philosophe, n'admettant pas de circonstances atténuantes en faveur de ces dangereuses maximes, faites pour corrompre les hommes, au lieu de les moraliser, condamne sans restriction les écrivains qui les étalent au grand jour. Mais il n'en est pas de même de l'historien, qui, placé à un autre point de vue, tient compte du milieu dans lequel elles ont été produites. Ainsi, Macaulay (1), qui, avec sa brillante imagination et son originalité humoristique, a fait revivre la figure de Machiavel, en la plaçant dans le cadre de son époque, lui rend la justice qu'il mérite à tous égards, à titre d'honnête homme et de zélé républicain, emprisonné et torturé pour la cause des libertés publiques. « Sa seule faute, dit-il, est d'avoir exposé plus clairement et exprimé plus fortement que tout autre écrivain, les maximes qui étaient généralement reçues de son temps et qu'il avait adoptées. » On peut ajouter, avec un des traducteurs du *Prince* (2), que « il s'est vu force ministres et force

____

(1) *Essais politiques et philosophiques*, traduits par M. Guillaume Guizot. Machiavel, p. 30.

(2) Amelot de la Houssaye. Préface.

princes, les étudier, et même les pratiquer de point en point, qui les avaient condamnées et détestées avant que de parvenir au ministère ou au trône. » Tel Frédéric-le-Grand, lorsqu'il n'est encore que l'héritier présomptif du trône, reproche à Voltaire d'avoir souillé sa plume du nom de Machiavel : il réfute le livre du *Prince*, et Voltaire écrit à ce sujet, le 18 octobre 1740, « qu'on en pourra voir « quelque jour une réfutation encore plus belle, ce « sera l'histoire de la vie de Frédéric. » A quelques semaines de là, le 15 décembre, le Roi philosophe avait pris à peine le temps d'assurer la couronne sur sa tête, que, par le droit du plus fort, il s'emparait de la Silésie d'abord, bientôt après, de la Poméranie. Et ce système de spoliation par la violence et par la ruse, continué, pratiqué sur une grande échelle en 1815 et récemment en 1866, a mis ses successeurs en situation de prétendre au rang de futurs Empereurs de l'Allemagne.

Boccalini, dans une fiction où Machiavel est censé plaider sa propre cause, a toute raison de lui faire dire, que les principes exposés dans ses livres sont imputables, non à lui-même, mais bien à ceux qui les ayant mis en pratique les lui ont fournis. Il ne bâtissait pas de systèmes, de théories à priori; il étudiait dans l'histoire, comme le physicien dans la nature, les phénomènes sur lesquels portaient ses investigations. C'est à l'école de son époque, à celle des temps qu'on appelle les beaux temps de l'anti-quité, qu'il allait puiser ses âpres et rudes doctrines, les écrivant, pour ainsi dire, sous la dictée des faits accomplis. Sans doute, elles se fussent adoucies au contact des siècles suivants; mais pour être plus humaine, la civilisation moderne enseigne-t-elle par son exemple, à ne jamais mettre la violence au service de l'intérêt d'État? N'a-t-elle pas souvent donné le spectacle des faibles spoliés, écrasés, anéantis par la main des plus forts? Les gouverne-ments de l'Europe actuelle, les cabinets de la Russie, de la Prusse, de l'Angleterre, de la France elle-même, s'ils étaient venus poser devant notre pu-bliciste, lui auraient-ils offert le modèle d'une politique où la morale n'ait rien à reprendre ? L'eût-il rencontré au-delà des mers en passant l'Atlantique ? La jeune et brillante République du Nouveau-Monde, ce gouvernement, chef-d'œuvre de bon-sens, fondé par des sages, l'élite de l'humanité, par les Franklin et les Washington, ne lui eût-elle pas présenté le spectacle peu édifiant de ses esclaves qu'elle opprime, et des Peaux-Rouges dont elle poursuit l'extermination avec une froide et tranquille persévérance (1) ?

La nature, en créant les individus, les a pourvus

(1) L'esclavage, conservé par les fondateurs de l'indépendance américaine, vient seulement d'être aboli, à la suite de la victoire du Nord sur le Sud, dans la guerre de sécession. On doit applaudir de tout cœur à la réparation de cette iniquité sociale, Dieu fasse seulement que les nègres se montrent dignes des droits qu'ils ont acquis ! Puisse leur émancipation ne pas donner un jour quelque apparence de raison à ce paradoxe de Rousseau • Que la liberté ne se maintient qu'à l'appui de la servitude, et que le citoyen ne peut être parfaitement libre que l'esclave ne soit extrêmement esclave ! • * Avec ces nouveaux éléments de discorde et de division, la sagesse et le bonheur, qui jusqu'ici n'ont pas fait défaut à l'Amérique du Nord, lui seront bien nécessaires pour maintenir sa constitution intacte dans sa forme actuelle.

* *Contrat social,* liv. III, chap. XV.

d'organes chargés de veiller à leur conservation, et de garantir leur existence. Le libre exercice de ces organes, pour atteindre le but dans lequel ils ont été formés, est un droit primordial que chaque être apporte en naissant. Il en est de même du droit qu'ont les corps politiques à vivre, à se conserver ; et la raison d'État n'est que la sanction de ce droit fondamental. Mais, pour les nations, pas plus que pour les particuliers, il ne saurait être absolu ; il est soumis à des règles qui en limitent, en déterminent l'exercice. De ces règles, dérivent pour l'individu les lois civiles, qui fixent ses rapports avec chacun des membres de la communauté ; pour l'État, les lois politiques, qui déterminent les rapports de la communauté elle-même, à l'intérieur, avec chacun de ses membres ; à l'extérieur, de nation à nation. Les unes et les autres sont variables, et correspondent aux mœurs des peuples qu'elles régissent. C'est à cette échelle relative, et non sur des principes absolus, que l'historien apprécie les moyens employés au service de la raison d'État. Il se prononce diversement sur le même fait, suivant qu'il appartient à des époques ou à des nations différentes. Des actes que, dans une ère de civilisation déjà avancée, il n'hésite pas à condamner comme des crimes, il les juge moins sévèrement chez des peuples encore barbares, étrangers aux sentiments de bienveillance et de respect pour son semblable. Faisant fléchir la règle du bien et du juste, l'unique et immuable mesure pour le publiciste philosophe, pour le législateur spéculatif, il pèse l'intérêt public, les résultats obtenus ; il fait entrer dans ses calculs les chocs, les frottements négligés par le théoricien pur. Tandis que celui-ci s'attache exclusivement à ce qui devrait être, celui-là tient compte de ce qui est. Or, ce qui est et ce qui devrait être, le fait et le droit, s'accordent difficilement entr'eux. Cet accord, vers lequel tendent les peuples à mesure que leurs mœurs s'améliorent, que leurs idées s'étendent et se rectifient, ne sera jamais qu'imparfaitement réalisé ; mais il n'en constitue pas moins un idéal que les gouvernements, comme les individus, doivent sans cesse avoir devant les yeux, pour s'efforcer d'en approcher le plus possible, sans se laisser décourager par la certitude de ne l'atteindre jamais.

De cette latitude laissée à l'histoire dans le domaine de la morale, il ne faudrait pas, avec certains casuistes, conclure que celle-ci n'est pas une et n'oblige pas tout le monde indistinctement ; mais qu'il y en a deux, une petite et une grande ; la première, à l'usage des faibles, la seconde pour les forts. Il suffit d'énoncer clairement cette distinction pour voir combien elle est insoutenable. Il ne saurait y avoir deux poids et deux mesures pour le mal, pas plus que pour le bien, et, quoi qu'on fasse, on ne réussira jamais, avec de grands mots et de belles phrases, à couvrir de petites choses et de vilaines actions.

Tout en prenant pour ce qu'elles valent ces théories, de nos jours à la mode, sur les missions providentielles de certains hommes, on ne saurait contester que le pouvoir concentré dans les mains d'un seul ne soit, pour les peuples libres, un remède ex-

trème dans des conjonctures graves et décisives.
Telle était à Rome la dictature, magistrature suprème et temporaire créée pour les moments de
crise : tels furent, en Angleterre, le protectorat de
Cromwell qui a tant fait pour la prospérité de son
pays, et, dans les colonies anglaises du Nouveau-
Monde lorsqu'elles secouèrent le joug de la métropole, l'autorité exercée par Washington, le fondateur de la République américaine. Heureux les États
à qui le destin, dans des circonstances semblables,
suscite un de ces hommes rares, d'un patriotisme
pur, inaccessible à la passion du pouvoir, si forte
sur les âmes ordinaires ! Plus heureux encore, lorsqu'ils trouvent dans la virile indépendance de leurs
citoyens la garantie, de toutes la plus sûre et la
plus efficace, contre les entreprises d'un ambitieux !
Placez le général Bonaparte au milieu d'une société
fondée par ces ardents et austères puritains, qui
aimèrent mieux renoncer à leur patrie que de transiger avec leurs principes; le vainqueur des Pyra-
mides et de Marengo, quels que fussent son génie

et sa gloire, n'aurait jamais osé même concevoir
la pensée de détruire la République à laquelle il devait tout, et qui, d'une condition obscure, l'avait
élevé au plus haut degré de fortune.

CHAPITRE X

AUTANT LA GLOIRE APPARTIENT DE DROIT AUX FONDATEURS D'UNE
RÉPUBLIQUE OU D'UNE MONARCHIE , AUTANT LES USURPATEURS
DES POUVOIRS PUBLICS MÉRITENT D'ÊTRE FLÉTRIS.

SOMMAIRE.

Aux fondateurs de religions d'abord, ensuite aux législateurs, puis aux grands capitaines, aux hommes éminents dans la carrière des lettres, dans les arts, dans les professions utiles, gloire et reconnaissance ! Haine et infamie aux destructeurs de religions, aux dissipateurs de la puissance publique, aux ennemis de la vertu, des lettres et de tous les arts libéraux ! Il n'est personne qui ne couvre ceux-ci de blâme et ceux-là de louanges : et cependant les premiers trouvent plus d'imitateurs que les seconds.

De ceux qui, de simples particuliers s'élèvent

au premier rang dans l'État, qui ne choisirait de ressembler à Scipion plutôt qu'à César? Qu'ils ne se fassent pas illusion sur les flatteries prodiguées à ce César. Les écrivains qui l'ont exalté étaient corrompus, subjugués par sa puissance. Par ce qu'ils ont dit de Catilina, par les éloges dont ils ont couvert Brutus, l'ennemi du tyran, qu'on juge comment, s'ils eussent été libres, ils auraient parlé du vainqueur de Pompée ?

C'est dans la Rome des Césars qu'un prince peut aller puiser de salutaires leçons. Il y verra que, de vingt-six empereurs qui se succédèrent depuis César jusqu'à Maximin, les mauvais furent presque tous massacrés, tandis que les bons finirent d'une mort naturelle : que, de tous ceux qui parvinrent à l'Empire par droit d'hérédité, excepté Titus, il n'y en eut pas un seul de bon ; qu'il n'y en eut pas un seul mauvais parmi ceux qui y arrivèrent par adoption. Sous les bons empereurs, il verra la vertu honorée, la paix, la sécurité régner partout, enfin ces temps d'or où chacun peut garder et défendre les opinions qu'il préfère (1), où le prince couvert de gloire vit en sûreté au milieu de sujets heureux qui le chérissent. Les règnes des autres empereurs ne lui présenteront que massacres, guerres civiles, exils, délations, persécutions dirigées contre les citoyens vertueux : jours néfastes dont Rome, l'Italie et le monde entier sont redevables à César. En parcourant ces règnes exécrables, pour peu qu'il ait un cœur d'homme, il restera saisi d'horreur et sentira s'allumer dans son âme un immense désir d'imiter les empereurs qui, bénis de leurs sujets, ont laissé dans l'histoire des noms vénérés.

Un prince qui, pour réformer un État corrompu, devrait renoncer à l'Empire, serait à la rigueur excusable de l'avoir laissé tel qu'il l'a trouvé : mais il n'en est pas de même de celui qui, pouvant le régénérer sans sacrifier son pouvoir, ne l'a pas fait.

Que les princes choisissent donc entre les deux routes qui leur sont ouvertes : l'une, dans laquelle

(1) Rara temporum felicitate, ubi sentire quæ velis, et quæ sentias dicere licet. Tacit., Hist. I.

ils trouvent la sécurité pendant leur vie, et la gloire
après leur mort ; l'autre, semée de continuelles an-
goisses, et qui se termine par une infamie indélébile
imprimée à leur mémoire.

SOMMAIRE

DES CONSIDÉRATIONS DE GUICCIARDINI

SUR LE CHAPITRE X.

Le titre de ce discours énonce une grande vérité.
Si les fondateurs de Républiques et de Monarchies
sont dignes des plus grands éloges, quelle réprobation ne doit pas frapper ceux qui établissent la
tyrannie (1) dans une patrie libre ? Il est extrème-
ment rare qu'ils le fassent par nécessité ; ou , si cette
nécessité existe, que la faute n'en doive pas retomber sur eux, de telle sorte qu'il ne leur reste
aucune excuse. Et les hommes de cette espèce ,

(1) « J'emploie ici ce mot dans le sens des Grecs et des Romains,
qui donnaient ce nom à tous ceux qui avaient renversé la démocratie. »
Montesquieu, *Grandeur et décadence des Romains* , chap. XIII,
note.

tels que Falare, Pisistrate et autres semblables, entre
lesquels se place César, d'ailleurs doué des plus
grandes vertus, mais possédé de l'ambition de do-
miner, sont certainement aussi inhumains que détestables, plus ou moins dignes d'infamie, suivant
qu'ils ont été plus ou moins cruels, et qu'ils ont eu
en partage de plus grandes qualités. — Il est vrai
que quelquefois la liberté est si désordonnée, les
villes si remplies de discordes civiles, qu'un citoyen
est excusable de chercher son salut dans la tyrannie. Sans doute, il y aurait de la véritable grandeur à mettre l'intérêt de la patrie au-dessus du
sien propre ; mais il faut pour cela une force d'âme
plus facile à désirer qu'à trouver. Il se rencontre
bien peu d'hommes, pour ne pas dire aucuns, qui
ayant fondé un gouvernement absolu ou l'ayant reçu
par héritage, se résignent à abdiquer. Rentrer soi
et les siens dans la vie privée, semble un danger
d'autant plus grand que les peuples sont ingrats, et
que généralement beaucoup de désordres accom-
pagnent les libertés nouvellement acquises. Sylla,

— et c'est un exemple des plus rares, — put le faire avec sécurité, laissant le gouvernement aux hommes de son parti ; de telle sorte que non seulement il vécut tranquille, mais qu'après sa mort ce qu'il avait établi fut maintenu, et sa mémoire resta vénérée.

Quant aux rois et aux princes légitimes par droit de naissance, ou légitimés par le temps, qui jouissent d'une autorité sans frein, il peut s'en rencontrer quelqu'un qui gouverne bien et avec justice ; mais je ne sais pas s'il en existe un seul qui ait donné à ce régime la forme qu'il devrait avoir pour être bien ordonné, c'est-à-dire pour que ses fils et ses plus proches ne règnent pas par droit d'hérédité, et que la succession soit fondée sur l'élection. C'est dans les livres et dans l'imagination des hommes, non dans la réalité, qu'on rencontre des tyrans abdiquant la tyrannie, et des rois qui mettent les intérêts de la patrie avant les leurs et ceux de leur famille. Les autres, c'est-à-dire tous sans exception, méritent, par cette raison, d'en être moins sévèrement blâmés.

OBSERVATIONS SUR LE CHAPITRE X

> « Honte à qui trouvant sa patrie libre tente de
> « l'asservir ! S'il entend prononcer le nom d'André
> « Doria, qu'il baisse les yeux pour ne pas affronter
> « un regard d'homme. »
>
> ARIOSTE. — Chant xve.

> « Au lieu que César disait insolemment que la
> « République n'était rien et que ses paroles étaient
> « des lois, Auguste ne parle que de la dignité du
> « Sénat et de son respect pour la République. —
> « Rusé tyran, il conduit doucement les Romains à la
> « servitude. »
>
> MONTESQUIEU. — *Grandeur et décadence des
> Romains*, chap. xiii.

Les hommes ne mesurent pas la gloire d'après les
services qu'on leur rend, mais bien plutôt par le
mal qu'on leur fait, sur l'effroi qu'on leur inspire.
Ils restent toujours de grands enfants par leur imagination avide d'histoires de brigands, de contes de

Barbe-Bleue et de Croquemitaine. Les batailles, les
invasions de provinces, les massacres de peuples,
tels sont les tableaux qui les charment et les capti-
vent, et les héros de ces sanglantes prouesses vivent
dans leur mémoire, placés à des hauteurs d'où ils
planent sur le reste des mortels. Il appartient au
petit nombre des penseurs de les faire descendre de
leur piédestal, et de protester, au nom de la justice
et de la raison, contre ces aberrations de la sottise
humaine. C'est ainsi que, parlant du plus célèbre
entre tous ces conquérants fameux, de César, l'impitoyable vainqueur des Gaules, Montaigne et l'abbé
de Saint-Pierre, sans se laisser éblouir par son génie
extraordinaire et par ses qualités transcendantes,
l'appellent, le premier « un grand brigand, » et le
second « un scélérat illustre. » Machiavel et Guicciardini le flétrissent avec non moins d'énergie, pour
avoir osé porter une main sacrilége sur les libertés de
sa patrie. Lorsque, pour le justifier, Napoléon (1)

(1) *Précis des guerres de César*, chap. **XVI**.

disait que Rome ne pouvait plus être libre, il pensait à lui-même et voulait défendre sa propre cause. Tous ceux qui usurpent le pouvoir tiennent le même langage, alléguant le salut public pour colorer leur coupable égoïsme. C'est là le danger réel des dictatures.

A la suite d'une longue guerre, ou d'une révolution sanglante, la nation fatiguée aspire au repos. Exploitant cette lassitude, un général victorieux trahit la confiance de son pays, et s'approprie par la violence les pouvoirs remis temporairement entre ses mains. Ses successeurs continuent et achèvent par la fourberie son œuvre de spoliation. Rapportant tout à eux-mêmes et au maintien de leur pouvoir, ils encouragent et préconisent comme des vertus, l'égoïsme, la cupidité, l'esprit d'intrigue, la bassesse, la servitude, les plus mauvais instincts de la nature humaine : ne voyant plus dans l'État que des amis et des ennemis, ils le privent des services de ses meilleurs et de ses plus grands citoyens, condamnés à s'éloigner des affaires publi-

ques et à chercher un refuge dans la vie privée,
pour y conserver, avec le respect d'eux-mêmes,
l'indépendance de leur caractère, l'amour de la
patrie et le culte des grandes pensées qu'il inspire.

« Auguste, dit Montesquieu (1), établit l'ordre, c'est-
« à-dire une servitude durable : car, dans un État
« libre, où l'on vient d'usurper la souveraineté, on
« appelle règle tout ce qui peut fonder l'autorité
« sans borne d'un seul ; et on nomme trouble, dis-
« sension, mauvais gouvernement, tout ce qui peut
« maintenir l'honnête liberté des sujets. »

A l'indignation qu'excite en eux la tyrannie, on
comprend que Machiavel et Guicciardini placent dans
la liberté le signe distinctif de la dignité humaine,
« rien ne mettant plus près de la condition des ani-
« maux, que de voir des hommes libres et de ne
« l'être pas (2). » Ces convictions ardentes, cette
haine vigoureuse contre tous les genres d'oppression, que les esprits serviles traitent d'illusions et

(1) *Grandeur et décadence des Romains,* chap. XIII.
(2) Montesquieu.

d'utopies permises seulement à d'enthousiastes écoliers, se rencontrent ici chez des politiques consommés, d'une intelligence supérieure. L'expérience des affaires, loin d'émousser en eux, comme il arrive trop souvent, l'amour de leurs semblables, le respect pour leurs droits civiques, les avait profondément convaincus que tout ce qui pouvait y porter atteinte conduit fatalement les États à l'abime. Et telle était à cet égard leur persuasion que, de peur de voir la route ouverte au despotisme non moins qu'à l'incapacité, ils allaient jusqu'à réprouver comme criminelle, dans le chef d'une monarchie, l'idée seule de transmettre à ses héritiers l'autorité dont il avait été revêtu. Éclairés par l'histoire de tous les siècles et par celle de leur temps, ils savaient que dans la servitude les nations s'énervent, languissent et que les plus florissantes marchent promptement à la décadence. Ce que le césarisme, — de nos jours réhabilité par certains docteurs formés à l'école du renard de la fable (1), — fit de Rome, la maîtresse du monde, réduite à se livrer sans défense au pillage d'Alaric et de ses barbares ; ce qu'il a fait de l'Espagne et de l'Autriche, ce qu'il fera de tous les Empires assez malheureux pour subir ses étreintes mortelles, justifie pleinement l'aversion qu'inspirent aux deux publicistes florentins le destructeur de la République romaine et tous ceux qui, suivant son exemple, s'emparent des pouvoirs publics pour les concentrer dans leurs mains (2). De quel profond mépris sont empreintes les réflexions de Machiavel sur les écrivains adulateurs de tels hommes ! Dans quels termes il stigmatise leur bassesse et leur corruption !

(1) C. F. *Les animaux malades de la peste.*

(2) Bien entendu, ce n'est pas au nom de la morale, — ils ne se piquaient pas de puritanisme, — mais au nom de la politique que parlent Machiavel et Guicciardini. Le premier, dans ce chapitre, en même temps qu'il appelle Septime Sévère *uno scellerato*, accorde de la vertu, — *una grandissima virtù*, — à ce prince, homme dur et cruel, mais guerrier habile qui par ses victoires servit bien l'empire. Au contraire, s'il proclame d'une manière absolue *infami e detestabili* César et tous les destructeurs des libertés publiques, c'est qu'il fait peser sur eux la plus accablante des responsabilités, la décadence et la ruine de leur pays.

On croirait entendre cet auteur anglais parlant de théologiens et de jurisconsultes assez vils, disait-il, pour soutenir que le règne de la peste est de droit divin, si la peste avait des pensions et des cordons à distribuer.

CHAPITRE XI

DE LA RELIGION CHEZ LES ROMAINS

SOMMAIRE.

Jamais la crainte de Dieu ne fut plus puissante qu'à Rome, au temps de la République. Le respect du serment devenu pour le citoyen romain plus sacré que les lois elles-mêmes, prenait sa source dans les principes religieux introduits par Numa. C'est avec ce puissant levier que la République disciplinait ses armées, réunissait le peuple, maintenait dans le devoir les bons citoyens, infligeait aux mauvais le déshonneur et le repentir.

Aucun législateur n'a fait accepter des lois nouvelles, sans recourir à l'intervention divine. Sur un peuple encore inculte, sur des hommes à demi-barbares, vivant dans leurs montagnes, sans communinication avec le dehors, ce moyen peut réussir plus facilement que sur les habitants de villes déjà corrompues. Cependant l'exemple du moine Jérôme Savonarola persuadant au peuple de Florence, d'une ville aussi éclairée, qu'il s'entretenait avec Dieu, prouve bien que dans aucun cas il ne faut désespérer de pouvoir faire ce que tant d'autres ont fait.

Dans un pays où ne règne pas la crainte de l'Être suprème, il faut que la crainte du prince supplée à la religion. Mais alors l'État ne peut manquer de périr avec celui qui, par la puissance de son caractère et de son génie, le maintient et le gouverne.

Règle générale, un État dont la destinée tient aux qualités particulières de son chef, n'a pas d'élément de durée. C'est peu qu'un prince fasse preuve de sagesse pendant sa vie, s'il ne laisse des institutions qui restent après lui.

SOMMAIRE

DES CONSIDÉRATIONS DE GUICCIARDINI

SUR LE CHAPITRE XI

Il est incontestable que les armes et la religion
sont les principaux fondements des républiques et
des royaumes, les organes essentiels de la vie d'un
État. A Rome, après la mort de Romulus, le peuple,
quoique plein de férocité et accoutumé au métier
des armes, élut volontairement pour chef, non un
homme de guerre, mais un roi vénérable par son esprit de justice, de religion, et par son amour des
arts de la paix. Ne le trouvant pas parmi les siens, il
alla le chercher dans une des cités voisines. Qu'on
doive l'attribuer soit à la sagesse des Romains, soit
à leur bonne fortune, soit à toutes deux ensemble,
on ne saurait trop admirer qu'ils aient pris pour

leurs premiers rois deux hommes supérieurs ; qu'ils aient choisi d'abord Romulus, un homme de guerre qui, par les armes, donna la vie à leur ville naissante ; et ensuite Numa, qui l'assit sur la base solide de la religion.

OBSERVATIONS SUR LE CHAPITRE XI

« La Société peut choisir une religion pour la
« protéger, mais elle la choisit comme utile et non
« comme vraie, et voilà pourquoi elle n'a pas le
« droit de défendre les enseignements contraires. »

T URGOT.

« La religion est absolument nécessaire dans un
« État ; c'est une maxime qu'il serait fou de vouloir
« disputer. »

FRÉDÉRIC - LE - GRAND. — *Instructions à son
neveu sur l'art de régner.*

Les mouvements de notre globe assujéti avec les
planètes à retomber sans cesse dans le même orbite,
les révolutions opérées à la surface de la terre avant
que le domaine de l'homme y fût préparé, la végé-
tation des plantes, la vie des animaux, leur organisation, leur reproduction, la séparation et la conservation des espèces, les phases successives de la
civilisation, en un mot tous les phénomènes du

monde, à quelque ordre qu'ils appartiennent, physique, moral et intellectuel, s'accomplissent suivant
un mode constant et régulier. A mesure que les
sciences se perfectionnent, on voit se réunir sous
une même loi des faits auparavant isolés et indépendants les uns des autres, de telle sorte qu'une
analogie naturelle conduit à admettre qu'ils forment
entre eux une chaine continue, dérivant successivement les uns des autres et originairement d'une
loi, d'une cause unique et générale qui les embrasse
tous. Cette loi, ce principe, cette cause a reçu des
noms divers, on l'appelle indistinctement : *Dieu*,
Nature, *Providence*, *Créateur*, *Être suprême*.

Ainsi, comme l'a dit Kant, dans un sens aussi
juste que profond, l'ensemble de l'univers est organisé dans un but, arrangé suivant un plan régulier
et immuable, chaque partie y occupant une place
fixe et déterminée, et tous les êtres y accomplissant
des fonctions partielles qui doivent concourir à l'exécution du plan général. Ces fonctions correspondent
aux lois de leur nature, constantes et communes à

tous les êtres d'une même espèce et variables d'une espèce à l'autre. Ces lois primordiales constituent, pour chacune d'elles, sa destination providentielle.

Seul entre tous les êtres, l'homme a la conscience de cette destination (1); c'est elle qui donne chez lui naissance au sentiment religieux. Il a donc une base réelle et indestructible dans sa nature même. Aussi, le trouve-t-on partout : le sauvage et le savant en sont également doués; le premier quand il adore son fétiche, et le second lorsqu'il cherche la loi d'une série de phénomènes, reconnaissent tous deux également une puissance supérieure, cause déterminante de l'ordre, de l'harmonie, de l'arrangement régulier qui a présidé à l'ordonnance de l'univers.

C'est dans cette faculté native que les religions prennent leur source. Toutes ont pour objet de représenter sous une forme réelle et historique la nature et les attributs de la Providence, principe et régulateur du monde, ses rapports avec

(1) Linnée le définit en disant : *homo pius*.

l'homme et les différentes manifestations par lesquelles elle se révèle à lui. Elles répondent à cet
instinct irrésistible qui nous porte à nous élancer
bien au-delà des étroites limites de l'expérience, dans
le domaine de laquelle notre intelligence reste enfer-
mée ; à concevoir derrière la réalité relative telle
que nous la percevons, une Réalité Absolue dont la
première n'est que le symbole, semblable à ces om-
bres que Platon fait apparaître dans sa caverne (1) ;
à nous élever vers les régions inaccessibles de l'In-
fini, pour percer le voile sous lequel se cache la
Cause incompréhensible de tout ce qui est, le grand
Mystère du monde en général et de notre destinée
en particulier. Par l'élévation même de ces aspirations, par la noblesse et la grandeur des objets vers
lesquels elles attirent nos sentiments et nos pensées,
les religions opposent un frein salutaire à nos passions égoïstes, et viennent ainsi concourir au même
but que les lois sociales.

(1) *République,* livre VII.

Aussi, les anciens législateurs les prenant pour point d'appui donnaient-ils leurs institutions comme les inspirations d'une divinité, avec laquelle ils communiquaient secrètement. Machiavel reconnaît bien qu'en général l'intervention divine pourrait avoir une efficacité réelle seulement sur des hommes incultes, tels que des habitants de contrées montueuses et d'un difficile accès. Cependant, il lui paraît encore possible, en certaines occasions, d'y recourir même dans des villes florissantes. Il cite à l'appui de cette opinion le moine Savonarola qui, se donnant comme un envoyé de Dieu, fit adopter d'enthousiasme ses réformes politiques par le peuple de Florence, alors le plus éclairé de tous : fait peu concluant, puisque le triomphe de Savonarola fut de courte durée. Depuis Mahomet, aucun grand législateur ne s'est présenté comme un messager du ciel, et suivant le cours ordinaire des choses, mettant à part ces grands bouleversements qui viennent remuer de fond en comble les sociétés humaines, on peut prédire qu'il ne paraitra plus de nouveau fondateur d'une religion révélée.

Restent les religions anciennes, basées sur une autorité traditionnelle qui leur a conquis la foi des peuples. Il n'est pas rare d'entendre proclamer aujourd'hui que partout les antiques croyances s'ébranlent et s'écroulent : assertion démentie par l'irrécusable témoignage des faits. Sans parler des cultes de Brahma, de Bouddha, de Moïse et de Mahomet, répandus sur une si grande partie de la surface du globe, le christianisme consacré par dix-huit siècles d'une existence, mêlée sans doute de bien et de mal, de vices et de vertus, trop souvent hélas ! souillée de crimes, mais en dernier résultat signalée par les plus éminents services rendus à la cause de la morale et de la civilisation, ralliera longtemps encore un grand nombre d'âmes à ses rites et à ses dogmes ; et la multiplicité toujours croissante des sectes qu'il a produites prouve sa vitalité.

L'esprit de système avait aussi posé comme un axiome irrécusable, que la religion s'affaiblissait à mesure que les lumières se répandaient. C'est le contraire qui a lieu. La nation anglo-américaine, celle de toutes chez qui l'on rencontre le plus de bon sens, de sagesse pratique, de génie industriel, est en même temps la plus religieuse : elle est aussi la plus libre, ce qui prouve également combien est peu fondée la prétendue incompatibilité entre la foi des peuples et leurs progrès vers la démocratie. Cette fausse appréciation de l'esprit du christianisme et de la doctrine évangélique, à laquelle les fondateurs eux-mêmes de notre première République empruntèrent la devise dont ils avaient fait leur propre symbole, est une erreur commise et propagée par quelques philosophes du xviiie siècle. Contrairement à leurs principes, à l'esprit fondamental de leur méthode puisé dans les sciences expérimentales, et qui consiste à observer les phénomènes pour en déduire les lois de leur production, ils ont prétendu rayer de l'histoire de l'humanité le fait religieux, le plus constant, le plus général qu'elle ait présenté dans toutes ses phases successives, et qu'on retrouve dans tous les pays, à toutes les époques. La diversité, l'antagonisme des religions leur a paru un argument décisif pour les proclamer toutes également fausses, nuisibles ou au moins inutiles, — une sorte d'anomalie, un incident pathologique, pour ainsi dire, dans la vie des sociétés; — comme si cette diversité n'était pas, tout aussi bien que la multiplicité des langues, une conséquence nécessaire de la loi même qui régit le développement, dans le temps et dans l'espace, de toutes les facultés primordiales de l'homme. Dans cette exagération aveugle et passionnée, il y avait à la fois un démenti donné à toute l'histoire et un acte d'ingratitude envers tant de grands esprits et de nobles cœurs, qui, à force de génie et de dévouement, avaient fondé l'Église chrétienne. Les atrocités commises en son nom, les maux de toute espèce enfantés par les guerres qu'elle a suscitées ne lui sauraient être imputés sans injustice; l'équité prescrit d'en rejeter l'odieux sur l'état des mœurs dans des temps de barbarie, et sur les mauvaises passions des hommes dans les mains de qui les meilleures choses s'altèrent et se corrompent.

Entre le dogmatisme chrétien et le scepticisme philosophique, s'est élevée de nos jours une doctrine intermédiaire sous le nom d'*Humanisme*. Élaborée en Allemagne par les disciples de Hégel, en France par Auguste Comte, le fondateur du Positivisme, elle marquerait, suivant ces nouveaux réformateurs, une nouvelle phase de l'évolution sociale. Ainsi transformée, la religion n'aurait pas, disent-ils, moins d'aptitude à satisfaire nos instincts d'amour, de poésie et d'idéal; mais ses prières, son adoration, son culte, au lieu de s'adresser à un être surnaturel, à quelque personnification de la divinité, émaneraient d'un sentiment de vénération, spontanée ou réfléchie, pour la cause omnipotente, inscrutable, le grand mystère du monde. Dieu serait alors conçu comme le principe et la fin de la vie universelle, prenant conscience d'elle-même dans l'*humanité*, cet être collectif qui, se développant par la succession indéfinie des générations, « subsiste

toujours et apprend continuellement, » a dit Pascal.
Alors se réaliserait ce parfait accord du sentiment
et de l'intelligence, de la foi et de la raison, que les
divers systèmes théologiques se sont toujours vainement efforcés d'opérer. Ces dogmes abstraits, in-
compréhensibles, qui jusqu'ici constituent le fond
des croyances, seraient remplacés par les principes fondamentaux de la science réunissant dans
une vaste synthèse toutes les sciences positives, désormais conçues comme les fonctions distinctes et
simultanées de la vie intellectuelle de l'humanité,
et systématiquement reliées entre elles par cette
communauté d'origine. Recueillant les impérissables
vérités du christianisme, animée de son esprit saint de
charité, de fraternité de tous les hommes entre eux,
comme étant solidaires les uns envers les autres et
formant une chaine continue sur la longue route des
temps écoulés, la nouvelle église serait vraiment
catholique, puisque ses dogmes obtiendraient l'assentiment universel, désormais acquis aux vérités
scientifiques. La morale des évangiles dépouillés de

tout élément surnaturel et légendaire, devenue plus pratique et plus efficace après cette transformation, exercerait dans le monde temporel une souveraineté jusqu'ici acceptée et reconnue seulement dans le monde spirituel ; elle donnerait à la démocratie une organisation régulière et durable, en la fondant sur la double base de l'ordre et du progrès.

Tels sont en résumé, sauf de légères nuances qui les distinguent entre elles, les points principaux des doctrines religieuses du Panthéisme, comprenant comme variété ce qu'on appelle la *religion humanitaire*, à laquelle viennent plus ou moins directement se rattacher la plupart des branches du socialisme moderne, et de ces nouvelles sectes qui apparaissent en Allemagne sous les noms de *communes franches, d'amis de la lumière*, etc., etc. Elles travaillent dans des voies diverses mais convergentes, à constituer un christianisme purement philosophique, où le Christ ait perdu son caractère divin, c'est-à-dire, en définitive, à ressusciter l'Arianisme, cette doctrine métaphysique qui n'a pas cessé de vivre depuis le jour où, il y a quinze siècles, elle fut discutée et condamnée par les Pères du concile de Nicée. Les esprits éminents qui dans cette assemblée posèrent les bases de l'organisation catholique, en mettant à part leur foi dans la divinité du Christ, connaissaient trop les hommes de leur temps, pour ne pas comprendre qu'avec une philosophie plus ou moins subtile, ils pourraient bien fonder une secte, mais non réussir à créer une grande religion, destinée à pénétrer les mœurs et les idées des masses dans l'état de barbarie et d'ignorance où elles se trouvaient au moyen âge. « Il faut autre chose pour faire des Christs et des Madones (1), » a dit un des grands poètes de l'Italie.

En devra-t-il être toujours ainsi ? Ne pourra-t-il pas venir une époque où l'on verrait s'élever une doctrine dégagée de toute intervention surnaturelle, et

(1) « Si vuol altro per fare Cristi e Madonne. » Alfieri, dans ce vers de son ode à Voltaire, ne fait que copier celui qu'il attaque à titre de précurseur de la Révolution française, à laquelle il avait voué une

cependant non moins puissante à s'emparer de l'imagination et de l'intelligence populaires ? Pourquoi la
religion et la philosophie, qui s'adressent à des facultés distinctes, ne finiraient-elles pas par s'allier
entre elles et se prêter un mutuel appui ? Il importe
à toutes deux de se rapprocher sans se confondre, et
de voir cesser l'état d'hostilité permanente dans lequel elles ont toujours vécu. Elles pourraient signer
un traité de paix sur les bases de l'*Hégélianisme*,
ce grand système qui a donné du christianisme une
explication métaphysique, sans en dénaturer la réa-

haine implacable. Avant lui, **V**oltaire avait dit : « Jamais les philosophes ne feront une secte de religion. Pourquoi ? c'est qu'ils n'écrivent point pour le peuple et qu'ils sont sans enthousiasme (*). » Il
savait donc fort bien qu'il faut aux intelligences non disciplinées
autre chose qu'une philosophie rationnelle ; et rien n'est moins vrai
que de le représenter comme l'ennemi systématique de la religion.
Sa formule « Écrasez l'infâme, » — cette arme terrible entre les
mains de ses détracteurs qui trouvent plus commode de l'injurier que
de le lire, — s'appliquait à l'intolérance, à l'hypocrisie, à la supersti-
tion, au fanatisme, à ce monstre hideux et stupide, le persécuteur
des Sirven, le bourreau des Calas et de tant d'autres victimes tortu-
rées dans des supplices dont la seule pensée fait frémir.

(*) *Dictionnaire philosophique*, article *Ame*.

lité historique. Les vues profondes qu'il a émises sur ses origines (1) se confirment chaque jour, à mesure que la connaissance des livres sacrés de l'Inde, dépositaires des croyances de nos ancêtres, les Aryas, et les travaux des Allemands sur l'exégèse nous permettent de pénétrer plus avant dans la science des religions (2).

Les sociétés subiront inévitablement des transformations dont il est impossible de nous faire une idée tout à fait exacte ; mais les révolutions que le temps peut tenir en réserve ne démentiront pas les principes posés dans ce chapitre par Machiavel et Guic-

(1) Développées par Strauss dans sa *Vie de Jésus*, elles ont été le point de départ des travaux de MM. Renan, Albert Réville, Huet, etc., sur le même sujet.

(2) La *Scienza nuova*, comme aurait dit Vico. Sa méthode, la marche qu'elle a suivie, les vérités irrécusables qu'elle a mises en lumière, ont été récemment exposées dans un ouvrage remarquable de M. Émile Burnouf. Mais quand il avance que Hégel a moins fait pour elle que Gœthe et Humboldt, il méconnaît la grande part que les Hégéliens ont prise aux travaux de la critique religieuse. Quant à l'auteur du *Cosmos* pour qui, comme pour Laplace son maître, « Dieu n'était qu'une hypothèse dont il n'avait pas besoin, » s'il était vrai qu'il eût avancé la science des religions, on pourrait bien dire qu'il aurait fait de la prose sans le savoir.

ciardini. Que ce soit le néo-Catholicisme de Lamennais,
— « l'humble plante qui deviendra un arbre, dont les
rameaux couvriront la terre et sous le feuillage duquel viendront s'abriter les oiseaux du ciel (1), » —
ou l'Unitarisme chrétien et libéral de Channing, de
Parker, ou le Panthéisme de Hégel, ou l'Humanisme
d'Auguste Comte, sous une forme ou sous une
autre, la religion, d'après l'étymologie même du
nom qu'elle porte, continuera de relier hommes
entre eux, et de les rattacher tous ensemble au
système de l'univers dont ils font partie. Débarrassée
de cet esprit étroit, exclusif, qui se cantonne et s'en-
ferme dans des croyances immuables au lieu de s'ouvrir à toutes les exigences des temps modernes, de
s'assimiler tous les progrès accomplis, elle com-
prendra que la science, chargée de mettre au jour
l'admirable enchaînement des phénomènes, donne
un point d'appui solide à ses pressentiments et à ses
aspirations. Cessant de lui livrer des batailles qu'elle

____

(1) *Les affaires de Rome*, p. 128.

perdrait toujours, elle finira par se réconcilier avec elle comme avec une sœur dont elle ne doive plus jamais se séparer, et toutes deux, unies dans une même pensée, travailleront de concert à l'amélioration morale et intellectuelle de l'homme (1). Avenir lointain qu'il nous est permis seulement d'entrevoir! Et pour l'atteindre, que de réformes à opérer dans les idées et les mœurs! que de préjugés, que d'ignorance à détruire! que de barrières à renverser. Mais déjà, par ce qui se passe de nos jours, nous savons que les ouvriers ne manqueront pas à la tâche, si ardue qu'elle soit, et la foi qui les anime est telle qu'ils peuvent, comme dit l'Évangile, soulever les montagnes.

---

(1) Un philosophe anglais de l'école positiviste, **M. Herbert Spencer,** l'un des penseurs les plus éminents de notre époque, a parfaitement tracé les rôles respectifs de la religion et de la science, en même temps qu'il a indiqué leurs points de contact et posé les bases de leur réconciliation, dans la première partie de son ouvrage : *The first principles*. Londres, 1863.

CHAPITRE XII

COMBIEN IL IMPORTE DE FAIRE A LA RELIGION SA PART DANS
LA CONSTITUTION DE L'ÉTAT. SI L'ITALIE A ÉTÉ RUINÉE, ELLE
LE DOIT A L'ÉGLISE ROMAINE QUI PAR SES MAUVAIS EXEMPLES
Y A DÉTRUIT LA RELIGION.

SOMMAIRE.

Un prince ne doit rien épargner pour maintenir
dans toute sa pureté la religion de l'État. Plus il
aura de portée dans l'esprit, mieux il connaitra le
cœur humain, plus il devra travailler à fortifier
chez son peuple la foi dans les miracles, et accueil-
lir avec faveur les choses mêmes les plus fausses,
pourvu qu'elles tendent à soutenir la religion. Il
ne saurait entourer de trop de vénération le culte
divin, dont le mépris est pour les États le présage
d'une ruine certaine.

Les peuples chrétiens seraient plus unis et plus
prospères, si la république chrétienne était restée

fidèle aux principes de son fondateur. Elle touche à sa ruine ou aux plus grands déchirements. Par ses débordements, la cour de Rome a porté l'impiété dans toute l'Italie. Un plus grand mal encore qu'elle lui a fait, c'est d'empêcher toutes les provinces italiennes de se réunir sous un seul gouvernement et de former une nation, comme la France et l'Espagne, condition sans laquelle un pays ne peut jamais prospérer. Trop faible pour opérer elle-même cette fusion, elle s'est constamment opposée à ce qu'elle fût accomplie par d'autres.

SOMMAIRE

DES CONSIDÉRATIONS DE GUICCIARDINI

SUR LE CHAPITRE XII.

Quel que soit le mal que l'on puisse dire de la cour de Rome, il sera toujours au-dessous de la vérité : c'est un réceptacle de toutes les infamies et de tous les opprobres de la terre. Je crois aussi que la grandeur de l'Église, c'est-à-dire l'autorité que la Religion lui a donnée, a seule empêché l'Italie de former une monarchie. Mais mon opinion est que ç'a été là pour elle un bien plutôt qu'un mal. En admettant que l'Italie divisée en plusieurs principautés ait été, à diverses époques, en butte à des calamités qu'elle n'aurait peut être pas subies si elle n'eût formé qn'un seul et même État, — cela même est douteux puisque les plus fréquentes inondations des Barbares ont eu lieu sous l'Empire romain, — néanmoins elle a produit alors un grand nombre de cités florissantes qui n'auraient jamais existé sous une seule république. Nous voyons bien la France et beaucoup d'autres contrées vivre heureuses sous un roi; mais l'Italie, — que ce soit là sa destinée ou le résultat de la complexion de ses habitants pondérée à la fois par la vigueur du corps et de l'esprit, — n'aurait pu facilement être ramenée à l'unité de pouvoir, même si l'Église n'eût pas existé. Un penchant naturel la porte vers la liberté, et je ne crois pas qu'elle ait jamais été réunie sous aucun autre empire que celui des Romains. Ils la soumirent par leur valeur et par la violence et, la République une fois éteinte, la perdirent par l'insuffisance des Empereurs. En résumé, si l'Église romaine a empêché l'unité de l'Italie, je ne dirai pas qu'en cela elle lui ait été nuisible, puisqu'elle l'a maintenue dans le régime conforme à ses habitudes les plus anciennes, comme à ses inclinations.

OBSERVATIONS SUR LE CHAPITRE XII

Dans l'état actuel des sociétés, le conseil que
donne Machiavel d'affermir la religion par le recours aux miracles et aux mensonges ne comporte
aucune application pratique. Ce qui s'est, de notre
temps, passé en Allemagne, à l'occasion de la tuni-
que de Trèves ; le schisme né de cette spéculation
téméraire sur la crédulité des peuples , doit avoir
convaincu le clergé catholique que ces moyens de
propagande ont perdu leur efficacité , et qu'il y
aurait de sa part une haute imprudence à ne pas
tenir compte des progrès de la raison publique. En

13

France, tout récemment, il a pu juger de l'effet produit par les récits d'apparitions miraculeuses de la Vierge. Exploitées par quelques charlatans, ces hallucinations de cerveaux malades, comme les tables tournantes et les esprits frappeurs, mystifications du même ordre auxquelles, de nos jours, tant de gens, même des plus éclairés, se sont laissé prendre, peuvent bien trouver des dupes à la faveur de l'engouement qui accueille toutes les choses nouvelles et étranges; mais le sens commun ne tarde pas à faire justice de ces anomalies mentales, et réduit bientôt à néant d'aussi puériles chimères.

Plein de respect pour le christianisme et son fondateur, d'ailleurs profondément convaincu que la stabilité des États repose sur la religion, qu'elle est la base fondamentale de l'ordre civil et politique dans les sociétés, Machiavel ressentait une juste indignation contre les mauvaises mœurs et les intrigues scandaleuses qui, de son vivant, discréditaient la cour de Rome et contribuèrent, pour une bonne part, à la rupture de l'unité de la foi. Guicciardini, consignant ses pensées intimes dans des écrits non destinés à la publicité, qui n'ont vu le jour que trois siècles après sa mort, fait entendre les mêmes récriminations dans un langage encore plus énergique, on peut dire même plus violent (1). Pour que des sentiments aussi vivaces de mépris et d'indignation aient trouvé place et persisté dans son esprit essentiellement modéré, foncièrement conservateur, familiarisé de longue main avec tous les vices et toutes les turpitudes humaines, par une constante pratique des affaires dans un milieu de corruption aussi intense que raffinée, il faut que

(1) « Je ne sache personne à qui l'ambition, la cupidité et la mollesse des prêtres déplaisent plus qu'à moi : d'abord, parce que pris en lui-même, chacun de ces vices est odieux ; que séparément et tous ensemble ils conviennent si peu à qui fait profession de vivre dans la dépendance de Dieu ; ensuite parce que ce sont des vices si contraires, qu'ils ne peuvent se trouver réunis que dans un sujet singulièrement étrange. »

« J'ai toujours, dans mon for intérieur, désiré la ruine de l'État ecclésiastique ; mais ma destinée a fait qu'ayant rempli de grandes charges sous plusieurs papes, je me suis trouvé dans la nécessité de désirer leur grandeur et d'endurer toutes les fatigues à leur service. Si ce n'eût été cette considération, j'aurais aimé Martin Luther comme moi-même, non pour m'affranchir des règles de la religion chrétienne,

son regard pénétrant ait plongé dans des abimes
d'ineptie, de dépravation et de scélératesse, alors
que jouissant de toute la confiance des papes
Léon X et Clément XII, il se trouvait chargé des
missions les plus difficiles et des négociations les
plus délicates.

Si les épreuves par lesquelles elle a passé depuis
la Révolution française ont épuré les mœurs de la
cour de Rome, malheureusement les enseignements
qu'elles auraient dû lui apporter ont été perdus
pour elle ; il semble qu'ils ne lui aient rien fait

dans le sens où elle est communément interprétée et entendue, mais
dans l'espérance que sa secte pourrait ruiner l'odieuse tyrannie
des prêtres — « *questa scelerata tirannide dei preti.* » — ou du
moins lui rogner les ailes, et réduire cette bande de scélérats, —
« *questa caterva di scelerati,* » — à perdre ses vices ou son autorité (*). »

Quelle protestation virulente contre le pouvoir temporel ! Ne croi-
rait-on pas entendre Garibaldi anathématisant « les hommes noirs, »
dans une de ses proclamations révolutionnaires ? Un siècle avant
Guicciardini, Boccace disait déjà : « Cette cour de Rome est plutôt le
foyer de l'enfer que le siège de la religion. » « Le Décaméron, nouvelle II. *Le juif converti.*

(*) *Ricordi politici e civili.* § XXVIII. CCCXLVI.

oublier, ni rien apprendre. Par la définition du nouveau dogme de l'Immaculée Conception en 1854, et la publication de l'Encyclique de 1864 avec le *Syllabus* annexé, elle a manifesté de nouveau son incompatibilité radicale avec la science et l'esprit moderne. Comme il ne reculera pas devant ses injonctions et ses menaces pour remonter, dans les voies de l'ultramontanisme, jusqu'à Grégoire VII, l'issue définitive de la lutte qu'elle engage ne saurait être douteuse. Lorsque tout change autour d'elle, restant immobile, en dehors du grand courant de la progression qui emporte l'humanité vers un idéal de perfectionnement indéfini, elle n'est plus en communion avec les aspirations des peuples, et finira par amener ceux qui lui sont restés fidèles à s'en détacher successivement, comme ont fait l'Angleterre, la Hollande, la Prusse, l'Allemagne, la Russie, les États-Unis. On verrait alors dans chaque État, avec la nation souveraine, l'Église catholique devenir à la fois spirituelle et temporelle, comme celle des trois premiers siècles.

ou purement spirituelle, à l'instar de toutes les sectes anglo-américaines.

Par la persistance des Italiens de tous les partis à réclamer Rome pour capitale, on reconnait qu'ils s'inspirent des doctrines de Machiavel. Mais tant que le pape siége au Vatican, il faut qu'ils s'appliquent à vivre avec lui dans de bons rapports, ne perdant jamais de vue que le principe même de la liberté de conscience leur prescrit de respecter, chez les catholiques, l'unité de la foi et le pape gardien de l'unité.

Cette difficulté sérieuse était spirituellement caractérisée par le prince Borghèse, lorsqu'il disait au ministre de France, chargé de traiter à Rome l'affaire du Concordat : « Ah ! je vois bien qu'il faut « que pour les menus plaisirs de l'Europe, nous « restions sujets du pape. »

C'est dans ce même sentiment que Pierre Soderini, gonfalonier de Florence, écrivait à Machiavel, alors chargé d'une mission diplomatique près de Louis XII : « Tu diras que je juge bien que Sa Ma-

« jesté doit tout faire pour ne pas rompre avec le
« pape, parce que si un pape ami ne sert pas à
« grand chose, un pape ennemi nuit beaucoup à
« cause de la réputation qu'il tire de l'Église, et
« puis encore parce qu'on ne peut pas lui faire la
« guerre directement « *de directo* » sans provoquer
« tout le monde contre soi (1). »

Guicciardini, tout en reconnaissant avec Machiavel que la papauté a seule empêché jusqu'ici les Italiens de se réunir en une seule nation, pense qu'elle
n'a fait, en cela, que favoriser les tendances de

(1) Ces réflexions judicieuses d'un florentin, homme d'État, présentaient de l'à-propos tout récemment, lorsque des interpellations
ont eu lieu dans le parlement italien sur la condamnation à mort et
l'exécution de Monti et Tognetti, reconnus coupables d'avoir mis le
feu à la mine pratiquée sous la caserne Seristori, dont l'explosion
causa la mort de vingt-cinq zouaves pontificaux. On pouvait déplorer
que le vicaire de Jésus-Christ, que Pie IX ne se fût pas laissé aller à
la clémence qui est dans son caractère ; il était également permis de
se faire, de cet acte de rigueur, — de ces deux têtes humaines en-
sanglantant l'échafaud, — une arme contre le pouvoir temporel.
Mais défendre, glorifier même l'assassinat, quel qu'en soit le mobile,
c'est blesser le sens moral de tous les honnêtes gens, sans acception
de parti, ni de religion ; c'est en même temps pécher contre le sens
politique.

leur tempérament naturel ; que la liberté, la vie, dont ils ont un besoin impérieux et inné , ne se rencontrent pas dans des monarchies comme la France et l'Espagne ; qu'ils n'auraient jamais accompli d'aussi grandes choses, s'ils n'avaient été divisés en petites républiques indépendantes. Il met en doute que les empires centralisés aient plus de force de résistance que les fédérations de villes ou d'États indépendants. L'histoire est pleine de faits qui appuient son opinion. Xerxès , à la tête de ses armées et de ses vaisseaux innombrables, vint se heurter contre les villes libres des Grecs qui l'arrêtèrent et le mirent en pleine déroute. Deux siècles plus tard, la Perse était envahie et conquise par une phalange de trente mille macédoniens, sous la conduite d'Alexandre. Le colossal empire romain, tout civilisé, tout puissant qu'il était, incapable de se défendre contre la barbarie libre et vivace, s'affaissa sous les coups des hordes de Goths, de Suèves, de Francs, d'Allemands et de Bourguignons. Au seizième siècle, l'énergie indomptable que déployèrent

les confédérés de l'*Union d'Utrecht* contre les troupes
de Philippe II, lui fit perdre définitivement les Pays-
Bas et commença le démembrement de la vaste
monarchie de Charles-Quint. Enfin, au siècle dernier, dans le nouveau monde, une fédération de
trois millions d'hommes libres triomphait de l'empire britannique, et fondait la république américaine.

Il faut vraiment être bien persuadé que l'homme
croit tout et qu'avec des mots on le gouverne, pour
présenter comme un progrès, comme un bienfait
providentiel, à des États indépendants qu'on s'annexe
par la violence, l'unité telle qu'elle existait à Rome
sous l'empire, telle qu'elle s'est faite en France,
c'est-à-dire l'unité dans la servitude. La doctrine
des grandes agglomérations, que le Richelieu Po-
méranien aurait inventée s'il ne l'avait trouvée toute
faite exprès pour lui, et qu'il est en train d'appliquer,
dans l'intérêt exclusif de son pays, à l'Allemagne
tout entière, caractérise en réalité l'une des phases
rétrogrades de l'organisme social, l'âge du des-

potisme, l'époque ancienne où se formaient les monarchies asiatiques, vastes enceintes dans lesquelles venaient se parquer d'immenses troupeaux d'hommes. Dans les annales du genre humain, elles figurent à peine pour mémoire, tandis que la plus grande place y appartient aux petites démocraties d'Athènes et de Florence, l'honneur et le flambeau de la civilisation.

A Sainte-Hélène, Napoléon disait : « Avant cinquante ans, l'Europe sera cosaque ou républicaine. » Les événements de 1866 ont fait surgir cette autre prédiction : « L'Europe, à l'Occident, deviendra prussienne et russe à l'Orient. » Si cet avenir se réalisait jamais, ce serait, dans notre vieux monde, l'asservissement de tous les peuples, des vainqueurs et des vaincus, comme aux temps de l'Empire romain. Après quelques siècles écoulés, on pourrait voir de nouveau notre continent envahi et conquis, non plus par des hordes accourues du fond de la Scythie, mais par des phalanges républicaines, parties des rivages de l'Atlantique.

CHAPITRES XIII, XIV, XV

COMMENT LES ROMAINS SE SERVAIENT DE LA RELIGION POUR ÉTA-
BLIR LES LOIS, FAVORISER LEURS ENTREPRISES ET ARRÊTER LES
SÉDITIONS.

SOMMAIRE.

Une peste et une famine étant survenues, les patriciens représentèrent au peuple que c'était un
effet de la colère des dieux, et se firent ainsi restituer
le tribunat qui avait été dévolu aux plébéiens. Ils
eurent recours à des moyens de la même nature
pour empêcher l'adoption de lois qui leur étaient
contraires. A la guerre, les généraux se servaient
de la religion pour agir sur leurs soldats et les
réduire à l'obéissance.

C'est à l'institution des augures, base fondamentale de leur religion, qu'ils étaient redevables

de la prospérité de la République. Avant de les avoir consultés, on n'entreprenait rien, ni dans Rome, ni au dehors, on n'assemblait pas les comices, on n'entrait pas en campagne. Un général n'aurait jamais osé livrer bataille sans avoir persuadé à ses soldats que les dieux leur promettaient la victoire. Parmi les différentes classes d'aruspices qui suivaient toujours l'armée, il y en avait une spécialement préposée à la garde des poulets sacrés. Si les poulets mangeaient volontiers, c'était un bon augure ; s'ils refusaient de manger, généralement on s'abstenait de combattre. Mais si la raison démontrait qu'il convenait de livrer bataille, le général savait arranger les circonstances avec une telle habileté, que la religion n'en recevait aucune atteinte. C'est ce qui arriva au consul Papirius, dans une bataille qu'il livra aux Samnites.

Appius Pulcher, lors de la dernière guerre punique en Sicile, décidé à livrer bataille, fit jeter à la mer les poulets qui refusaient de manger, en disant : « Voyons s'ils auront envie de boire. » A son retour il fut puni, non pour avoir été battu, mais pour avoir ouvertement bravé les auspices. Ils avaient pour but d'inspirer aux soldats une confiance aveugle, gage assuré de la victoire.

———

De ces trois chapitres, le seul qui ait été commenté par Guicciardini est le XIVme, sur lequel il se contente de dire :

« Il ne m'est pas démontré que les capitaines des armées se servissent artificieusement de l'autorité des auspices et des augures, mais je crois que, surtout dans les premiers temps, ils avaient la foi la plus entière dans cette institution religieuse. »

———

OBSERVATIONS SUR LES CHAPITRES XIII, XIV, XV

Je trouve cette différence entre les législateurs romains et ceux des autres peuples, que les premiers firent la religion pour l'État, et les autres l'État pour la religion.

MONTESQUIEU.

Ces trois chapitres contiennent la substance des idées développées par Montesquieu dans sa *Dissertation sur la politique des Romains dans la religion ;* mais, — déjà la remarque en a été faite, — tout en puisant à pleines mains dans les écrits de Machiavel, il s'abstenait de le citer. On peut en dire autant de Napoléon Ier. Nourri dès sa première jeunesse des écrits de Machiavel, instruit à son école dans la politique, et surtout dans l'art de la guerre, il n'a consigné nulle part l'aveu de tout ce que le disciple devait au maitre.

Chez les anciens, la religion nationale et politique, comme la loi mulsumane, présentait un tout
autre caractère que le christianisme : elle était une
partie intégrante de la constitution qu'elle avait
pour mission de fortifier et de raviver, tandis que
la religion chrétienne, dans sa sphère d'action, n'embrasse que l'individu et la famille. Sans doute ,
lorsque par son idéal de perfection divine elle entretient, au foyer domestique, le feu sacré des plus
nobles vertus, l'esprit du devoir, de sacrifice, de
paix, de charité ; lorsque, par ses enseignements, par
sa discipline, par son culte, elle préside à l'éducation morale du citoyen, on ne saurait nier qu'elle ne
travaille efficacement à la prospérité, comme à la
grandeur de la cité. Toutefois ce n'est pas là le but
qu'elle se propose ; si elle y conduit, c'est indirectement. Au contraire, les églises dissidentes qui se
sont fondues dans l'État, ont pris un caractère spécialement national ; mais en reconnaissant pour chef
un empereur, un roi, elles ont affaibli l'autorité que
donne la séparation des pouvoirs spirituel et tem-

porel. Aussi voit-on déjà l'Église anglicane, si intimement unie à la constitution britannique, chanceler sur sa base, et tout fait présager sa destruction prochaine.

Le système de la liberté illimitée des cultes et de leur indépendance complète vis-à-vis de l'État, suivant la formule : « l'Église libre dans l'État libre, » n'a reçu jusqu'ici son entière application que dans la grande république américaine. Il se transplantera facilement en Angleterre, où l'esprit d'association et d'initiative individuelle existent au même degré ; mais pour le naturaliser en France, il faudrait commencer par vaincre l'apathie des masses, et déraciner en elles la servile habitude de tout attendre du gouvernement, de ne rien demander à leurs propres efforts. Aussi, pendant la révolution, Mirabeau et Robespierre, n'envisageant dans le prêtre qu'un officier de morale, s'accordèrent-ils également tous deux à considérer la fonction qu'il remplit comme rentrant dans les attributions de l'État. Tant qu'il conservera la direction

des cultes, en imputant leurs dépenses à son bud-
get, il faut qu'il tienne entre eux la balance égale
et leur accorde à tous la même protection ; car,
quelque opposés qu'ils puissent être dans leurs rites
et dans leurs dogmes, ils n'en doivent pas moins
converger, par des routes diverses, vers un but
unique : améliorer les mœurs, épurer l'âme et l'en-
noblir.

CHAPITRE XVI

UN PEUPLE HABITUÉ A VIVRE SOUS UN PRINCE ET QUI VIENT A
SE RENDRE LIBRE CONSERVE TRÈS-DIFFICILEMENT SA LIBERTÉ.

SOMMAIRE.

Une bête féroce enchaînée dans une cage par-
vient-elle à se lâcher, que ne sachant où paitre, où
se réfugier, elle retombe au pouvoir du premier
venu qui peut la saisir. C'est là l'image du peuple
façonné au joug dans une monarchie absolue. Réus-
sit-il à s'affranchir, qu'incapable de se gouverner
lui-même, souvent il retombe dans une plus profonde servitude.

Autre difficulté : la nouvelle république se fait
beaucoup d'ennemis et peu d'amis. Elle a pour ennemis tous ceux qu'elle a blessés dans leur pouvoir
ou dans leurs richesses ; comme d'ailleurs les ré-

compenses et les honneurs n'y sont distribués qu'aux plus dignes, ils n'y voient qu'une juste rétribution de leur mérite. Enfin, comme on ne se sent pas obligé envers le pouvoir pour n'en être pas opprimé, on ne tient aucun compte au nouveau gouvernement de la liberté dont il vous fait jouir.

Il peut avoir pour ennemis, soit une minorité, soit la multitude. Envers une minorité, il faut, ou qu'il use de ménagements, qu'il la ramène à lui par les voies de la douceur et de la conciliation, ou, si elle est irréconciliable, qu'il la réduise à l'impuissance. Quant à la multitude, il doit à tout prix se la rendre favorable.

Ce qu'on dit ici d'une république, s'applique également à un prince. Qu'il prenne dès l'origine toutes les mesures nécessaires pour assurer sa conservation, ou qu'il saisisse, pour les prendre, la première occasion qui se présente. C'est à cette seule condition qu'il pourra durer et se maintenir.

Après l'expulsion des Tarquins, le peuple romain ne pouvait consolider la République qu'il venait de créer, qu'en condamnant à mort les fils de Brutus ; et comme il n'était pas encore corrompu, il n'eut pas de peine à conserver la liberté qu'il venait de reconquérir.

SOMMAIRE

DES CONSIDÉRATIONS DE GUICCIARDINI

SUR LE CHAPITRE XVI.

Il faut faut faire une grande différence entre un peuple qui n'a jamais connu la liberté et un autre qui, en ayant autrefois joui, l'a perdue par quelque accident. Dans ce dernier cas, il est plus apte à la recouvrer, les souvenirs de l'ancienne république vivant dans la mémoire de beaucoup de gens. Le meilleur moyen de la conserver est d'établir un gouvernement tempéré de telle sorte que, tout en étant alerte à réprimer toute tentative contre la liberté, il garantisse la sécurité de quiconque veut vivre tranquille, celle des riches et des puissants aussi bien que celle du moindre des citoyens ; qu'il soit prompt à punir quiconque ourdit quelque machination contre l'État, mais qu'il ne persécute personne sur de simples soupçons ; qu'il ne tienne pas pour suspects ceux qui ayant servi le tyran (1), n'ont rien à attendre du nouveau régime. Quant à un prince qui a le peuple contre lui, si cette inimitié provient de la dure servitude qu'il lui impose, il n'a rien autre chose à faire qu'à changer de système, à gouverner avec humanité et justice. Mais si cette inimitié prend sa source dans le désir de la liberté, alors ni la douceur, ni la mansuétude, ni les bons traitements ne parviennent à extirper ce désir, et le tyran ne peut jamais avoir confiance dans l'emploi de ces moyens. Le seul remède efficace serait de se faire un parti de personnes notables, qui, n'ayant aucun intérêt à aimer la liberté, soient assez puissantes pour opprimer le peuple ou le mettre dans l'impossibilité de faire le moindre mouvement.

(1) On croit devoir rappeler ici que Guicciardini, comme Montesquieu, prend ce mot dans le sens des Grecs et des Romains, qui donnaient ce nom à tous ceux qui avaient renversé la démocratie.

OBSERVATIONS SUR LE CHAPITRE XVI

« Il en a été de cette révolution comme de toutes
« celles qui sont nées des guerres civiles : les pre-
« miers qui troublent un état travaillent toujours
« sans le savoir pour d'autres que pour eux. »
VOLTAIRE. *Dictionnaire philosophique*, article
Platon.

Les quatre-vingts dernières années de notre histoire vérifient pleinement les principes énoncés dans
ce chapitre.

Le peuple français, façonné depuis des siècles
au joug féodal et monarchique, fut incapable de
maintenir pendant quelques années la liberté qu'il
avait momentanément conquise au prix de tant
d'efforts, après la révolution de 89. Une fois maitre
de lui-même, il se livre à de sauvages et sanglantes
saturnales, traine tour à tour aux gémonies toutes

ses idoles de la veille et, à bout d'anarchie et d'excès, il remonte successivement les degrés du pouvoir monarchique. Après avoir passé par la réaction du 9 thermidor, par le gouvernement faible et incapable du Directoire, par le 18 brumaire qui enlève la constitution à coups de baïonnette, il vient aboutir au consulat à vie d'un dictateur militaire, sur la tête duquel il laisse bientôt se poser la couronne impériale, symbole d'une autorité absolue, sans contrôle.

L'histoire est pleine de ces exemples de la liberté conduisant au despotisme par la route de l'anarchie. Mais convient-il d'en rejeter la faute sur le peuple ? N'incombe-t-elle pas plutôt aux princes qui le gouvernent ? Si, dégagés de toute préoccupation personnelle, étrangers à toute autre passion qu'à celle du bien public, ils s'identifiaient avec l'État, comme c'est leur devoir, travaillant sans relâche à l'éducation politique de la nation, ils arriveraient à la rendre capable de se gouverner elle-même. Généralement ils trouvent plus simple et plus commode de faire tout le contraire. Ils tiennent le peuple emmailloté sous prétexte qu'il ne sait pas marcher, attendant, disent-ils, pour ôter ses lisières, qu'il ait, en restant immobile, appris à se servir de ses membres. Dès lors y a-t-il lieu de s'étonner que, rendu tout-à-coup à la liberté par quelque événement fortuit, il en abuse? « Cette prétendue crainte de l'abus, disait Cromwell parlant de l'erreur en matière religieuse, ressemble à la prudence d'un homme qui garderait sous clef tous les vins du pays, de peur qu'on ne s'enivrât (1). »

Lorsque Napoléon, à Sainte-Hélène, croyait répondre aux attaques dirigées contre le 18 brumaire, par cette comparaison : « autant vaudrait accuser de dégât le marin qui coupe ses mâts pour ne pas sombrer, » il aurait dû prouver d'abord que le navire habilement manœuvré n'eût jamais pu se sauver, tout en conservant ses mâts ; surtout il n'aurait pas fallu qu'un peu plus tard, sous son

____

(1) Lettre aux ministres écossais. *Thurloës. state papers.*

commandement, il allât se perdre corps et biens dans ce grand naufrage de 1814 et 1815, dont il ne se relèvera jamais.

C'est dans l'activité volontaire et libre de l'homme, dans la faculté que, seul il possède, de disposer de lui-même, d'être maitre de sa conduite, de ses idées, de devenir ainsi un agent moral, responsable de ses actes, que réside sa dignité, sa supériorité sur toutes les autres créatures. De même les différentes variétés de notre race se distinguent entre elles, se placent les unes au-dessus des autres, selon leur degré d'aptitude à jouir de la liberté. On comprend dès lors que la possession d'un bien aussi précieux soit l'objet des ardentes aspirations des peuples. Malheureusement, il est plus facile de le conquérir que de le conserver. Il est rare que les révolutions se conduisent avec la modération, la prudence et l'habileté que recommandent Machiavel et Guicciardini. Elles ne trouvent pas souvent, pour les diriger, des politiques de la trempe de Cromwell et de Guillaume d'Orange, qui ne perdent jamais de vue les menées de leurs ennemis, et ne négligent aucun des moyens à employer pour les prévenir à temps.

En France, dans les troubles de la Fronde comme dans les dernières révolutions, on voit les chefs populaires se diviser entre eux et devenir les uns après les autres victimes de leur fausse sécurité. Ainsi, dans la première constituante, échoua le parti d'hommes sages et avisés qui voulaient, comme en Angleterre, le système de monarchie pondérée, — que de malheurs il eût épargnés à notre pays! Ainsi périrent les Girondins; après eux Danton; enfin Robespierre, que la mort de son rival rendait tout puissant; pendant trois mois, il laissa grossir sur sa tête l'orage qui devait éclater le 9 thermidor et l'emporter sur l'échafaud, entraînant avec lui dans sa chute la République pour laquelle tant de sang avait été versé. La veille encore, le 8, il était le maître de la situation; mais au lieu de frapper ce jour-là contre ses ennemis à la Convention le grand coup qu'ils allaient lui porter, — ce n'était pas lui, l'homme de la Terreur que pouvaient arrêter des scrupules de légalité, — il leur inspira le **courage** du désespoir en les effrayant par des **menaces qui**, dans sa bouche, étaient autant d'arrêts de mort.

En 1848, l'assemblée constituante, au lieu de nommer elle-même le Président de la République, ainsi que le voulaient quelques-uns de ses **membres** et que le conseillait la prudence la plus **vulgaire**, abandonna aux hasards du suffrage universel le sort de la révolution qu'elle joua sur un coup de **dés**, en disant avec un poète, l'un de ses plus **illustres** orateurs, *alea jacta est*. Après l'élection d'un prince dont le nom et les antécédents présageaient que l'Empire n'était pas loin, les républicains, au lieu de se réunir en face du danger qui les menaçait, **d'avoir** l'œil sans cesse ouvert sur les progrès quotidiens de la mine pratiquée sous eux et qui bientôt allait éclater, perdaient leur temps à s'accuser les uns les autres, les plus exaltés prenant à tâche d'effrayer le pays par des menaces incessantes du **haut de la** tribune, comme pour appeler un nouveau 18 **bru**maire et lui préparer les voies.

Après avoir indiqué les mesures à prendre, la conduite à tenir pour consolider le gouvernement nouveau d'un peuple qui vient de recouvrer sa liberté, Machiavel traite incidemment la question contraire, examinant comment un despote qui s'est emparé du pouvoir peut s'y maintenir. Il rentre ainsi dans les données et les errements du *Prince*, où il enseigne la ruse, l'hypocrisie, la mauvaise foi, le parjure à ceux qui, par des crimes, sont arrivés à la souveraineté (1). « Contenter le peuple, réduire à l'impuissance les ambitieux et les grands, voilà la maxime de ceux qui savent gouverner. » Il la reproduit ici : « Il faut, dit-il, *se défaire* — par la mort, par la prison ou par l'exil, — de ceux que leurs places et leurs dignités attachaient à l'ancien gouvernement, ou bien les gagner par les honneurs et des emplois en rapport avec leur position. Quant à la multitude, elle est subjuguée par l'éclat et la force du gouvernement, le vulgaire n'allant jamais au

(1) C. F. les chapitres **VII** et **XVIII**.

fond des choses et ne jugeant que sur les apparences : or, le vulgaire, c'est à peu près tout le monde.
Il est donc facile de le satisfaire et de l'avoir pour
soi : il ne demande que la tranquillité et la sécurité. »

Déjà certains philosophes avaient dit, dans le
même sens et presque dans les mêmes termes, que
les hommes dans l'état de société se partagent en
deux classes : *ceux qui pillent et ceux qui sont
pillés :* que la première, celle des gouvernants, du
petit nombre, par un vaste système de violence et
de fraude savamment combiné, fait accroire à la
seconde, celle des sujets, du plus grand nombre,
que cela se pratique ainsi pour le bien de la nation.
On voudrait ne voir là qu'un paradoxe, la boutade
humoristique de misanthropes à la façon de Swift ;
malheureusement c'est de l'histoire et de la plus
réelle, résumée dans ce vers du fabuliste : « *Notre
ennemi, c'est notre maître* (1). » Mais le peuple n'est

____

(1). C. F. Livre VI, fable VIII. *Le vieillard et l'âne.*

pas partout d'humeur à se laisser toujours ainsi *bâter*.
Quand on compare ce qu'il est aujourd'hui, dans nos
campagnes, à la condition des paysans, telle que
La Bruyère (1) la dépeint sous le *grand* règne de
Louis XIV, on mesure toute l'étendue des progrès
qu'il a faits depuis la révolution. Cependant, qu'il
est loin encore d'être, en France, tel qu'on le trouve
en Suisse, en Angleterre, aux États-Unis, animé de
cet amour instinctif et énergique de la liberté dont
parlent Machiavel et Guicciardini, comme du seul
rempart qui puisse le défendre contre l'arbitraire et
la violence ! Dans des sociétés politiques aussi
vivaces, son niveau moral et intellectuel s'élève sans
cesse par sa participation au pouvoir et aux affaires
publiques, tandis que, par un effet contraire, il tend
constamment à s'abaisser sous la pression du despotisme, travaillant sans relâche avec les puissants
moyens dont il dispose à détendre les ressorts de
l'initiative individuelle, à substituer son action, sa

(1) *De l'Homme*, t. 2, p. 97. Édition Jannet-Destailleur, 1854.

volonté à celle des citoyens, pour les amener ainsi
par degrés à cet état de docilité passive et de stupide
inertie, où ils vivent désintéressés des affaires publiques. C'est sous l'influence à la fois corrompue et
et corruptrice d'un pareil régime que s'affaissent les
nations les plus puissantes, et l'empire romain n'est,
entre beaucoup d'autres, que le plus mémorable
exemple de ruine ainsi préparée par cette dissolution
lentement progressive.

CHAPITRES XVII, XVIII

SOMMAIRE.

Ce fut un grand bonheur pour Rome d'avoir
chassé ses rois avant que leur propre corruption eût
gagné jusqu'au cœur de l'État. Ainsi, après l'expulsion des Tarquins, elle put se saisir de la liberté et
la conserver pendant trois siècles ; tandis qu'après
la mort de César, après celle de Caligula, de Néron,
— toute la famille des Césars éteinte, — elle ne put
ni la maintenir, ni même s'en emparer quelques
instants, parce qu'alors le peuple était arrivé au
dernier degré de corruption.

Ainsi, lorsque la masse du peuple est saine, les
agitations et les secousses ne font aucun mal ; lors-

qu'elle est corrompue, comme à Naples et à Milan, par exemple, aucune révolution, quelque violente qu'elle soit, ne pourra jamais la rendre libre. Le gouvernement doit y pencher plutôt vers l'État monarchique que vers l'État populaire, parce que les hommes que leur insolence rend indociles au joug des lois ne peuvent être, en quelque sorte, bridés que par le frein d'une autorité presque royale.

OBSERVATIONS SUR LES CHAPITRES XVII, XVIII

———

> « Il n'existe pas au monde un autre moyen
> d'apprendre la liberté que d'user de la liberté. »

Il était nécessaire que les Tarquins fussent chassés
de Rome, ou que Rome devînt faible en très-peu de
temps. « Une des causes de sa prospérité, dit Montesquieu, fut que ses rois furent tous de grands
personnages. » Mais les Tarquins, après s'être emparé du pouvoir pour le rendre héréditaire et absolu,
s'étaient tellement écartés de la sage conduite de
leurs prédécesseurs ; par leurs vices et leurs déré-
glements, ils s'étaient attiré la haine du peuple romain,
à un degré tel qu'il attendait la première occasion pour
les renverser. Après l'outrage fait à l'épouse de Col-
latin et l'acte de désespoir de Lucrèce déshonorée,

Brutus qui pendant dix ans contrefit l'insensé leva le masque, harangua le peuple frémissant à la vue du corps ensanglanté de la victime, et lui fit jurer qu'aucun roi ne règnerait jamais sur lui.

Le peuple tint parole et sut garder la République prospère et puissante pendant plusieurs siècles. Mais quand ses conquêtes eurent fait affluer dans Rome l'or de tant de nations vaincues, il perdit ses vertus premières et, avec elles, la liberté dont il avait joui si longtemps. Il ne put la conserver après qu'elle lui fut restituée par le second des Brutus. Plus tard, la corruption toujours croissante sous les détestables règnes des Tibère, des Néron, des Caligula, rendit inutiles toutes les vertus dont les Antonins, pendant un siècle, donnèrent l'exemple sur le trône.

Aujourd'hui que le peuple est obligé de travailler pour vivre, la corruption est un luxe permis seulement aux riches et aux grands, mais qui n'est plus à sa portée. Ce n'est donc pas elle, mais l'ignorance seule qui l'abâtardit dans la servitude. Il faut que la constitution lui fasse une grande part dans la vie publique, pour le forcer à développer son intelligence, l'empêcher de s'absorber dans ses intérèts purement privés, l'habituer à ne pas se confiner exclusivement dans l'enceinte de son champ, de son atelier, de sa boutique, l'amener à porter ses affections au-delà de la famille jusque dans la sphère de la communauté. Dans les États bien organisés, comme l'ont été plusieurs des républiques anciennes et modernes, un bon système d'éducation civique, qui prend l'homme au berceau pour le suivre à travers toutes les phases de la vie, crée des instincts, des sentiments de patriotisme, identifient l'individu avec la cité, fondant ainsi l'intérèt personnel dans l'intérèt général.

Les lois civiles et politiques d'un État, pour avoir de la durée, doivent se modeler sur ce qui existe, en être l'expression, comme les lois naturelles qui régissent les phénomènes du monde physique. Une constitution ne crée pas les faits, elle ne peut que les formuler et les régulariser. Ainsi elle a été républicaine aux États-Unis, parce que le fait républicain y existait dans les mœurs et dans les idées, au moment où ils proclamèrent leur indépendance. S'il en eût été autrement, ni Washington, ni Franklin, ni tous les grands législateurs de ce pays, n'auraient pu réussir à y fonder une république durable.

Un peuple dénué de l'instruction et de la virile indépendance qui constituent la dignité de l'homme, pourra bien s'agiter quelque temps dans les crises et les convulsions d'une anarchie licencieuse; jamais il ne jouira des bienfaits d'une liberté stable et régulière. Semblable à ces plantes délicates qui ne réussissent qu'à force de soins et dans une terre généreuse, elle ne peut vivre et se développer que dans les États où, chaque jour, à l'école des institutions et des mœurs, le citoyen apprend à l'aimer et à la pratiquer.

Comme toute éducation, celle du peuple doit être élémentaire d'abord et, sans sortir des limites que les nécessités de sa condition précaire ne lui permettent pas de franchir, le préparer à élever sa pensée jusqu'aux grands intérêts de l'État, en l'initiant

aux affaires qui le touchent de plus près, à celles de
sa commune. Rien de ce qui s'y passe ne lui est
indifférent; tout s'y rattache à ses besoins, à ses
préoccupations de tous les jours. Chacun y retrouve
le toit sous lequel il est né, la famille au milieu de
laquelle il a grandi, les premières et les plus du-
rables de ses affections, les lieux qui lui rappellent
les jeux, les plaisirs de son enfance. Tandis que
pour lui l'État est un être fictif et abstrait, qu'il ne
saisit qu'avec peine les liens qui unissent sa vie à la
vie de ce grand corps, dans la commune, au contraire, tout lui parle de lui-même, elle se dessine à
ses yeux sous des traits fortement caractérisés; elle
est en quelque sorte le milieu qu'il respire.

Ceux qui poursuivent la liberté politique, en laissant de côté la liberté communale, poursuivent
une chimère. Quelques efforts que fassent les publicistes de cette école, ils n'aboutiront jamais
qu'à inventer quelque machine pareille à l'automate
de Vaucanson; on y pourra trouver d'ingénieuses
combinaisons de rouages et de mouvements, mais

c'est en vain qu'on y chercherait le principe de la vie.

La révolution de 89 a dû sa popularité, le dévouement qu'elle a suscité sur tous les points de la France, à ses principes et à ses réformes qui, s'adressant aux sentiments et aux intérêts de la vie quotidienne, avaient profondément pénétré dans la commune et infiltré une nouvelle sève jusque dans la plus reculée, la plus humble d'entre elles. Mais tout en intéressant le peuple à l'œuvre qu'elle devait accomplir, elle laissa de côté la liberté communale, qui d'ailleurs, au milieu des troubles, n'eût pas été exempte de dangers. Avec les armées de l'Europe sur les frontières et la guerre civile dans les provinces, voulant avant tout maintenir, au dedans, l'unité nationale et, au dehors, se défendre contre l'invasion, elle fit converger vers ce double but tous les sentiments et toute les forces vives du pays.

Cette centralisation exagérée, peut-être alors nécessaire au salut de la France, devait la perdre vingt ans plus tard, en mettant toutes ses destinées à la merci d'une seule bataille. Lorsqu'on en vient à considérer, d'un côté, la facilité avec laquelle deux fois, coup sur coup, elle s'est laissée envahir, et de l'autre, l'énergique résistance que le peuple espagnol a pu opposer à la première armée du monde, on comprend combien des communes vivaces, agissant par leur propre impulsion, sont nécessaires au maintien de l'indépendance nationale.

C'est l'excès de la centralisation qui a perdu le peuple romain. Si le mouvement vital, au lieu d'être concentré dans Rome seule, se fût étendu successivement à toutes les provinces ; si elles avaient été réellement incorporées et non simplement juxtaposées à l'État, elles auraient pu réagir contre les factions qui, portant le trouble et la discorde dans la métropole, ébranlèrent toute la république. Celle-ci n'eût pas été mise en péril par un aventurier, tel que Catilina, tentant un coup de main contre la constitution de son pays : et les Césars, en donnant le *panem et circenses* à la plèbe de la capitale, n'eussent pas réussi à étendre sur l'Em-

pire tout entier ce vaste réseau d'obéissance aveugle
qui causa sa perte.

En France, ce n'est pas seulement au point de vue
administratif qu'il importe d'affranchir les communes
et les départements, pour les habituer à faire eux-
mêmes leurs affaires, sans se laisser toujours traiter
en mineurs qui ne sauraient se passer d'une tutelle.
C'est surtout comme apprentissage de la liberté politique, comme moyen de fortifier l'individu, de lui
donner le ressort et l'énergie nécessaires pour se
conduire dans la vie, pour développer toutes ses
facultés, que la liberté communale leur est indispensable. On l'a dit avec raison, elle est pour le citoyen
une sorte d'instruction primaire : elle forme le premier degré d'initiation à la vie publique, degré par
lequel il faut nécessairement passer avant de pouvoir,
par une plus vaste compréhension, embrasser les
intérêts plus étendus et plus compliqués de la grande
famille. C'est parce que cette initiation première a
jusqu'ici manqué à la France, qu'elle n'a pu réussir
encore à fixer et à asseoir définitivement chez elle

cette liberté politique qu'elle poursuit depuis cinquante ans, au prix des plus grands sacrifices, sans l'avoir jamais atteinte, si ce n'est passagèrement au milieu des orages d'une révolution.

La démocratie ne peut s'implanter et prendre racine que dans un sol remué par cette agitation morale et régulière qui la vivifie et la féconde. Pour grandir et se développer, il lui faut le grand air de la franchise communale, et toujours on la verra s'atrophier dans l'atmosphère d'une centralisation exagérée. Ceux qui mettent en avant les dangers que l'indépendance des localités peut faire courir à l'unité nationale, méconnaissent étrangement les données et les tendances de leur époque. Peut-on craindre que les affections et les intérêts de clocher ne détendent la fibre nationale, dans un pays où le mouvement de la vie générale s'accroit tous les jours, où la vapeur et l'électricité ont presque annulé le temps et l'espace, où la presse entretient une circulation incessante des sentiments et des idées, du centre jus-

qu'aux dernières extrémités du corps politique, où
tant de sang versé sur les mêmes champs de bataille,
tant de victoires, tant de revers ont relié tous les
citoyens les uns aux autres par la communauté de la
gloire et du malheur ? D'ailleurs, il n'y a pas à choisir ; la France touche à l'un de ces moments déci-
sifs dans la vie des nations. Il faut à tout prix qu'elle
rompe avec les habitudes de dépendance et de sou-
mission que lui ont inculquées la hiérarchie romaine,
le servage féodal et le joug de l'autorité ecclésiastique ;
qu'elle s'affranchisse au plutôt des liens de la servitude , pour apprendre à se gouverner elle-même :
sinon, qu'elle se résigne à s'effacer devant la Prusse
du grand Frédéric, plus jeune, plus virile, plus instruite, animée du souffle de la réforme qui la pré-
pare à la pratique de la liberté. Dès qu'elle aura —
ce qui ne tardera pas longtemps — absorbé toute
l'Allemagne, on la verra procéder aussitôt, par la
revendication de l'Alsace et de la Lorraine, au démembrement de la monarchie édifiée par Richelieu
et par Louis XIV. Des institutions propres à mettre

en jeu toutes les forces vives de la nation, peuvent seules conjurer ce danger qui frappe tous les esprits clairvoyants.

En résumé, toutes les objections que l'on peut faire contre la liberté viennent aboutir à cette vérité banale, qu'elle rend plus difficile l'art de gouverner les hommes, et qu'elle requiert, pour l'exercer, des qualités supérieures. Entre des mains inhabiles, elle est, sans aucun doute, comme la vapeur, un agent redoutable ; mais aussi quelle puissance elles recèlent toutes deux et mettent à la disposition de qui sait les manier, les assouplir à nos besoins par les artifices d'un organisme savant et perfectionné !

CHAPITRES XIX, XX

APRÈS UN PRINCE EXCELLENT, UN ÉTAT PEUT SUPPORTER UN
PRINCE FAIBLE, MAIS IL NE PEUT RÉSISTER A LA SUCCESSION
DE DEUX PRINCES FAIBLES.

UNE SUCCESSION DE DEUX GRANDS PRINCES PRODUIT DE GRANDS
EFFETS : ET COMME LES RÉPUBLIQUES BIEN CONSTITUÉES ONT
NÉCESSAIREMENT UNE SUCCESSION D'HOMMES D'ÉLITE A LA TÊTE
DE L'ÉTAT, ELLES DOIVENT S'ÉTENDRE ET S'AUGMENTER CONSI-
DÉRABLEMENT.

SOMMAIRE.

Le bonheur de Rome fut d'avoir dans ses trois
premiers rois, Romulus, Numa et Tullus, une succession de grands hommes : le premier, prince belliqueux ; le second, prince religieux et paisible ; le
troisième, aussi courageux que Romulus et plus
ami de la guerre que de la paix, ce qui était nécessaire pour empêcher les Romains de s'amollir et de
devenir la proie de leurs voisins.

Mais après avoir expulsé ses rois, Rome ne fut

plus exposée aux dangers que lui faisaient courir leurs vices ou leur incapacité. L'autorité souveraine résida dès lors dans les consuls. Cette magistrature qui n'était dévolue ni à l'hérédité, ni à l'intrigue, ni à la violence, mais au suffrage libre des citoyens, fut toujours exercée par des hommes supérieurs. Elle dura deux fois plus de temps que la royauté et porta Rome au plus haut degré de puissance. L'exemple de Philippe de Macédoine et d'Alexandre-le-Grand prouve ce que peuvent faire deux grands princes, succédant l'un à l'autre. Or, toute république bien constituée doit, par le mode même de l'élection, produire indéfiniment une pareille succession d'hommes d'élite.

OBSERVATIONS SUR LES CHAPITRES XIX, XX

« Le peuple est admirable pour choisir ceux à
« qui il doit confier quelque partie de son au-
« torité. Il n'a à se déterminer que par des
« choses qu'il ne peut ignorer et des faits qui
« tombent sous les sens. »

      MONTESQUIEU. *Esprit des lois.* liv. II,
      chap. II.

Un prince, bien qu'il ne possède pas toutes les
qualités, toutes les vertus de son prédécesseur, peut
se maintenir au pouvoir, grâce au bon gouvernement
qu'il trouve établi. Mais s'il vit longtemps, s'il n'est
pas lui-même remplacé par un prince capable, son
trône et l'État se trouvent également en péril et me-
nacent ruine. Ce qui fit la fortune de Rome c'est,
comme on l'a dit déjà, qu'après l'expulsion des Tarquins, elle n'avait plus à redouter la succession de
princes faibles et pervers. La suprême dignité de la
république étant dévolue à des consuls librement
élus, le choix tombait toujours sur des hommes

éminents. Quand on songe que Germanicus donna le jour à Caligula, Marc-Aurèle à Commode qui lui succéda ; que Caracalla, l'un des plus abominables tyrans parmi tous ceux qui opprimèrent les romains, remplaça son père Septime-Sévère, habile général dont les victoires avaient raffermi l'empire ; que le faible Richard, le fils de Cromwell, fut appelé à continuer l'œuvre du grand protecteur ; que les destinées de l'État se trouvent ainsi remises entre les mains d'un imbécile, d'un fou, d'un coquin, on est effrayé des résultats désastreux auxquels peut conduire la désignation du souverain par le droit de l'hérédité dans l'ordre de primogéniture, partout où, comme en Angleterre, les mœurs publiques et la constitution n'en combattent pas les funestes effets (1).

Dans les monarchies pures, la prospérité publique

(1) « Tel qui se croirait en démence, s'il déclarait héréditaires les fonctions de son cocher ou de son cuisinier, trouve tout simple d'obéir à un souverain choisi de cette manière.

DESTUTT-TRACY. — *Commentaire sur Montesquieu,* liv. XI, chap II.

dépend des qualités personnelles du souverain : elle monte et s'abaisse suivant le niveau intellectuel et moral, soit du prince, soit du corps des nobles, dans les monarchies mixtes, tempérées par une aristocratie. Dans une république, les destinées de l'État se trouvent subordonnées au degré d'intelligence et de moralité du peuple entier, et lorsque ses mœurs sont assez bonnes pour lui faire éviter l'anarchie, écueil ordinaire de cette forme de gouvernement, l'ordre et la stabilité paraissent devoir y être plus assurés que dans une monarchie, où des causes légères et accidentelles, comme la mort d'un prince habile, l'incapacité de son successeur, des rivalités de famille, une émeute populaire suffisent pour renverser de fond en comble la royauté la plus ancienne et, en apparence, la mieux affermie.

Quand on considère la succession continue d'hommes éminents qui ont occupé la magistrature suprème aux États-Unis, la sagesse et l'habileté constantes qu'ils ont déployées dans le maniement des affaires les plus délicates et les plus difficiles, faisant face, sans s'ériger en dictateurs, aux dangers les plus redoutables, ainsi qu'on l'a vu dans la guerre civile de ces dernières années, on ne saurait mettre en doute qu'une république, où les divisions des partis s'arrêtent devant le respect que tous doivent à la loi, et par là même aussi bien défendue contre la licence que contre les coups d'État, ne constituât le gouvernement le moins imparfait, le plus propre à assurer la prospérité nationale. Les mêmes garanties se retrouvent dans la constitution de l'Angleterre, le seul grand pays de l'Europe réellement libre, — suivant l'observation de Montesquieu, juste encore aujourd'hui. — Véritable république, tempérée par une aristocratie et par un doge héréditaires, ses institutions, éprouvées par une longue expérience, ont eu les plus magnifiques résultats : leur longue durée prouve le bon sens, la modération, l'énergie, l'activité, le patriotisme et l'intelligence de la nation dont elles ont fait la grandeur.

CHAPITRES XXVI, XXVII

SOMMAIRE.

Quiconque s'empare d'une ville ou d'un État, sans vouloir y constituer un régime régulier sous une monarchie ou une république, n'a qu'un moyen pour s'y maintenir ; et il doit l'employer d'autant plus que les fondements de sa puissance sont plus faibles : ce moyen, pour le nouveau prince, consiste à établir toute chose nouvelle comme lui. Ainsi nouveau gouvernement, hommes nouveaux, par conséquent autorité nouvelle. Il faut construire de nouvelles villes, détruire les anciennes, transporter les habitants d'un lieu à l'autre, enfin ne laisser rien dans l'État qui ne subisse quelque changement, et qu'il n'y ait ni rang, ni grade, ni honneurs, ni richesses qui ne soient possédés que par la volonté du prince. Ces moyens sont très-cruels et ennemis de toute habitude non-seulement chrétienne, mais humaine ; tout homme doit les fuir et plutôt vivre particulier que roi, avec cette ruine de tant d'hommes. Néanmoins, celui qui ne veut pas prendre cette première voie du bien doit, pour se maintenir, entrer dans celle du mal. Mais les hommes suivent certaines routes du milieu qui sont très-dangereuses ; ils ne savent être ni tout à fait bons, ni tout à fait méchants.

Ainsi, en l'année 1505, le pape Jules II, avec une témérité bien aventureuse, était entré dans Perugia dont Jean-Paul Baglioni, tyran de cette ville, s'était emparé au détriment de l'Église. N'ayant avec lui qu'une faible garde, il se mettait à la merci de son ennemi qui y commandait une troupe d'hommes armés fort considérable. Les hommes prudents remarquèrent que, du côté de Jules, étaient la témérité du pape et la lâcheté de Jean-Paolo. Ils ne pouvaient comprendre comment celui-ci ne s'était pas, pour perpétuer sa mémoire, emparé de son ennemi ; comment il avait laissé échapper une aussi riche proie, le pape étant accompagné de cardinaux qui avaient avec eux tous les raffinements du luxe le plus recherché. On ne pouvait pas croire qu'il se fût abstenu par bonté ou par conscience : couvert de crimes, abusant de sa sœur, ayant assassiné ses cousins et ses neveux pour régner, il était nécessairement inaccessible à tout sentiment de pitié. On en conclut que les hommes ne savent pas être parfaitement bons ou honorablement méchants, — d'une méchanceté qui ait par elle-même une certaine grandeur. — Ainsi, Jean-Paolo, qui se souciait peu d'être publiquement incestueux et parricide, ne sut, ou, pour dire mieux, n'osa pas, en ayant une bonne occasion, tenter ici une entreprise dans laquelle on aurait admiré son audace. Il eût laissé de lui une mémoire éternelle, en démontrant le premier aux prélats le cas qu'il faut faire de quiconque vit et règne comme eux ; ce qui devait l'emporter sur la crainte de l'infamie et du danger.

SOMMAIRE

DES CONSIDÉRATIONS DE GUICCIARDINI

SUR LE CHAPITRE XXVI.

———

La difficulté, pour un prince nouveau, d'asseoir
solidement sa domination, existe là seulement où
il a contre lui l'inclination du peuple ; comme dans
les villes habituées à être libres, quand elles tombent entre les mains d'un tyran ; ou dans les royaumes
régis pendant longtemps par une race dont ils aiment
le nom et conservent le souvenir. Encore ces derniers peuvent-ils être gagnés par de bons traitements, qui leur feront facilement oublier la mémoire
de leurs anciens princes. Mais avec ceux chez qui
existe le penchant à la liberté, ce moyen ne suffit
pas ; par les voies de la douceur, on ne peut extirper ce désir de ne pas reconnaitre de supérieur

qui les gouverne ; dans ce cas, il faut user de remèdes forts, toutefois en ayant soin de gagner par les bienfaits tous ceux qu'il est possible de s'attacher ainsi. D'un côté, si ces remèdes violents sont un gage de sécurité, de l'autre, surtout si le prince ne s'appuie pas sur sa propre armée, ils affaiblissent de mille manières. Il faut donc que le prince ait le courage de recourir à ces moyens extraordinaires, quand il y a nécessité ; néanmoins qu'il ait assez de prudence pour ne laisser échapper aucune occasion de procéder avec humanité, par des bienfaits, — ne prenant pas ainsi pour règle absolue ce que dit l'auteur porté en toutes choses pour les mesures extrêmes et violentes.

OBSERVATIONS SUR LES CHAPITRES XXVI, XXVII

L'auteur du *Prince* se retrouve encore dans ce chapitre, où il professe la théorie du brigandage politique, à l'usage des nouveaux gouvernements qui s'établissent par la violence et par le crime. Le sens moral et la civilisation protestent énergiquement contre des enseignements aussi pervers, à l'adresse des Cartouches et des Mandrins, de haut comme de bas étage. Ils ne devraient jamais se trouver sous la plume d'un écrivain ayant quelque respect de lui-même. Guicciardini, d'un esprit trop sage et trop modéré pour se laisser jamais aller à de pareils excès, reproche justement à Machiavel d'être naturellement porté pour les mesures extrèmes. Ce n'est pas se justifier que de reconnaître l'infamie attachée à l'emploi de pareils moyens ; de les déclarer cruels, ennemis, non-seulement des mœurs du christianisme, mais de l'humanité. Comment alors peut-on en parler ? Un tel aveu rend plus coupable celui qui ne rougit pas de les mettre en lumière ; il aggrave la responsabilité qu'il assume en les divulguant, sans les flétrir et les condamner d'une manière absolue.

Ne serait-on pas fondé, par exemple, à faire remonter jusqu'à Machiavel la politique barbare pratiquée de nos jours par la Russie envers la Pologne? Y renouvelant tout, la langue, la religion, la propriété, dépouillant ceux qui possèdent pour enrichir ses créatures ; transportant dans la Sibérie tous ceux qui la gênent, ne suit-elle pas à la lettre les instructions renfermées dans ce chapitre ? En même temps, comme l'enseigne le *Prince* (1), on la voit, lorsque le moment n'est pas encore venu de jouer le personnage du lion, se revêtir de la peau du renard, pour se faire en Orient le champion des idées de tolérance et d'humanité et, nouveau Pierre l'Ermite, travailler à la délivrance des chrétiens opprimés.

Amelot de la Houssaie, dans son Tibère (2), rappelle la maxime de Machiavel « rarement les hommes sont assez bons et assez méchants, » pour en faire l'application à Rhescuporis dont Tacite (3) a retracé l'histoire. Auguste avait partagé le royaume de Thrace entre lui et Cotys son neveu. Ce prince avide et féroce fit assassiner Cotys pour rester seul maître de la province. Tibère, voulant l'attirer à Rome pour lui faire rendre compte de sa conduite et le punir d'avoir osé transgresser ainsi les dispositions prises par Auguste, eut recours suivant son habitude à la dissimulation (4),

(1) Chap. XVIII.
(2) Chap. LXXX.
(3) Annales. Liv. II. § LXIV-LXVII.
(4) Nullam æquè Tiberius ex virtutibus suis, quàm dissimulationem diligebat. *Tacite*, Ann. IV.

n'employant jamais la force que malgré lui et quand il
ne pouvait faire autrement. Il détacha comme
préteur en Thrace Pomponius, l'ami intime de Rhescuporis. Se fiant à leur liaison fort ancienne, ce roi se
laissa attirer dans les présides des romains dont il
devint le prisonnier et , conduit à Rome , il fut
envoyé à Alexandrie où Tibère se défit de lui. Comme
l'observe Amelot, Rhescuporis l'eùt fort embarrassé
si, levant le masque, il se fùt déclaré ouvertement
en rébellion, après avoir fait arrèter Pomponius au
lieu de se fier à son amitié.

Voltaire (1) aussi fait une application non moins
juste de la maxime de Machiavel, à l'un des faits
saillants de notre histoire. Le 9 mai 1588, à la journée
des Barricades, Guise le Balafré tenant en son pouvoir
la personne de Henri III, pouvait entreprendre sur
sa liberté ou sa vie et, devenu maitre de la France,
il réalisait le projet qu'il avait conçu d'enlever la

____

(1) *Essai sur les Guerres civiles de France*, édition Beuchot,
p. 370, t. x.

couronne à la maison des Capets pour la faire passer dans la maison de Lorraine. Mais « il en fit trop ou trop peu »; se contentant de renvoyer au roi ses gardes désarmés, il le laissa s'échapper, sortir de Paris et s'enfuir à Blois où il convoqua les États-Généraux du royaume. Après l'avoir ainsi chassé de la capitale, Guise commit l'imprudence de venir le braver en présence de cette assemblée nationale. A la suite d'une feinte réconciliation, scellée par un serment solennel devant l'autel où ils communièrent ensemble, Henri l'attira dans son cabinet, où il le fit assassiner par ses gentilshommes auxquels il avait lui-même distribué des poignards.

Machiavel reproche à Jean Baglioni, comme une insigne lâcheté, de ne pas avoir osé s'emparer du pape Jules II et de tous les cardinaux à sa suite. Mais qui sait s'il n'a pas, en cela, plutôt agi prudemment? Connaissant à fond toutes les ressources de la cour romaine, n'avait-il pas de bonnes raisons pour craindre qu'on ne lui fît tôt ou tard expier l'attentat commis contre la personne du chef de l'Église ? Mais où la prudence l'abandonna, c'est quand, après avoir été constamment en guerre avec les papes Alexandre VI, Jules II et Léon X, il se laissa sans défiance attirer à Rome par ce dernier qui lui fit trancher la tête.

CHAPITRES XXVIII, XXIX, XXX

DE L'INGRATITUDE DES RÉPUBLIQUES ET DES MONARCHIES ENVERS
LEURS CONCITOYENS.

SOMMAIRE.

Quand on parcourt les annales des républiques,
on trouve dans toutes une sorte d'ingratitude envers
leurs citoyens ; mais Rome en présente moins
qu'aucune autre et qu'Athènes en particulier. Rome,
en effet, avait moins de motifs de se défier de ses
concitoyens. Depuis l'expulsion des rois jusqu'à
Sylla et Marius, jamais citoyen romain ne tenta
d'enlever la liberté à son pays, en sorte que,
n'ayant pas de raison de les soupçonner, on n'en
avait aucune pour les offenser inconsidérément.
A Athènes, il arriva tout le contraire : dans le
temps où elle était le plus florissante, sa liberté lui

fut enlevée par Pisistrate qui la trompa, en affectant les dehors de vertus qu'il n'avait pas. Redevenue libre, elle conserva le souvenir des maux qu'elle avait endurés et de la servitude qu'elle avait subie. De là son ardeur à punir dans ses citoyens jusqu'à l'apparence d'un tort; de là, l'exil, la mort de tant de grands hommes, et l'établissement de l'ostracisme. Si Rome avait été trompée comme le fut Athènes, elle n'eut été ni moins ombrageuse ni plus tendre.

Le vice de l'ingratitude nait de l'avarice ou du soupçon. Quand un peuple ou un prince a envoyé l'un de ses capitaines dans une expédition importante, d'où il revient victorieux et couvert de gloire, alors ce prince ou ce peuple est tenu de le récompenser; si au lieu de lui accorder cette récompense, et cédant à un sentiment d'avarice, il l'offense ou le déshonore, il fait une faute qui n'a pas d'excuse et se couvre d'infamie. — Les princes sont sujets à commettre cette erreur, et Tacite en dit ainsi la raison dans cette sentence : « La pente est plus forte à se venger d'une injure qu'à reconnaître un bienfait ; il semble que la reconnaissance soit une charge et la vengeance un profit (1). »

Lorsque le prince ou le peuple, mû, non par l'avarice, mais par le soupçon, n'accorde pas la récompense, il mérite quelque excuse. Il y a beaucoup d'exemples de ces traits d'ingratitude ainsi motivés.

La glorieuse renommée que s'est acquise le vainqueur et le dévouement des soldats à sa personne, sont bien faits pour justifier le soupçon. Il est si naturel chez un prince qu'il ne peut s'en défendre ; et il ne faut pas s'étonner qu'il soit ingrat envers ceux à qui il a de si grandes obligations. — Il n'y a pas lieu non plus d'être surpris si un peuple, en cela, imite le prince. Une ville libre est ordinairement animée de deux grandes passions : la première de s'agrandir, la seconde de conserver sa

______

(1) Proclivius est injuriæ, quam beneficio vicem exsolvere, quia gratia oneri, ultio in quæstu, habetur. His. Lib. IV. § III.

liberté. Il faut absolument que l'excès de ces mêmes passions lui fasse commettre des fautes ; entre autres, celle d'offenser les citoyens qu'elle devait récompenser et de suspecter ceux qui méritent confiance. Cette conduite, dans une république déjà corrompue, peut occasionner de grands maux, ainsi qu'on le vit sous César qui enleva de vive force ce que l'ingratitude lui refusait. Mais si les mœurs sont bonnes, cette manière d'agir produit de grands biens et, par la crainte des peines qui maintient les hommes meilleurs et moins ambitieux, sauvegarde la liberté. Quant à Scipion, on fut ingrat envers lui par jalousie. Il avait acquis de la gloire dans une guerre longue et dangereuse ; ses victoires avaient été rapides : il était jeune, prudent, recommandable par beaucoup de vertus : pour tous ces motifs, les magistrats de Rome redoutaient son crédit. C'est ainsi qu'il fut sacrifié, Caton l'ancien ayant été le premier à déclarer qu'on ne pouvait pas appeler libre, une ville où il y avait un citoyen qui inspirait de telles craintes.

En résumé, l'ingratitude étant toujours produite ou par l'avarice ou par le soupçon, les peuples ne tombent jamais dans ce défaut par avarice, et le soupçon les y fait moins tomber que les princes, parce qu'ils ont moins de raisons de soupçonner.

Pour ne pas risquer d'être ingrat, un prince doit commander ses expéditions ; c'est ce que faisaient les premiers empereurs romains, ce que font les sultans d'aujourd'hui et tous les princes braves du temps présent et passé. La paresse et le défaut de prudence peuvent seuls les retenir chez eux oisifs, tandis qu'ils envoient un général à leur place.

Une république qui veut éviter de tomber dans l'ingratitude, ne peut pas agir comme un prince, puisqu'elle est obligée de confier à un de ses citoyens le commandement de ses armées. Elle doit suivre l'exemple donné généralement à Rome, excepté pour Scipion. Toute la ville, la noblesse comme le peuple, faisant son occupation du métier de la guerre, Rome enfantait dans tous les temps un si grand nombre d'hommes courageux, de grands capitaines, que le peuple n'avait aucune occasion de les suspecter. En effet, leur nombre même servait à les contenir l'un par l'autre, et ils rivalisaient entre eux de désintéressement et de patriotisme ; avec de telles mœurs il n'y avait place ni pour le soupçon , ni pour l'ingratitude. Aussi Rome fut-elle la moins ingrate des républiques, et celle qui pardonna le plus de fautes à ses généraux.

SOMMAIRE

DES CONSIDÉRATIONS DE GUICCIARDINI

SUR LES CHAPITRES XXVIII, XXIX, XXX.

Il n'est pas exact de dire qu'après l'expulsion des rois, les Romains n'eurent plus à subir d'attentat contre la liberté ; c'est ne pas tenir compte de la tyrannie des décemvirs qui dura peu de temps, il est vrai, mais n'en fut pas moins dure à supporter ; et, cependant, après l'abolition du décemvirat, ceux qui l'avaient soutenu furent traités avec humanité. Cette conduite tient d'abord à ce que les Romains n'avaient pas dans le caractère la même légèreté que les Athéniens ; ensuite à la différence du gouvernement des deux peuples. Athènes était régie par une démocratie pure, tandis qu'à Rome, le Sénat jouit toujours d'une grande autorité qui balançait celle du peuple et de ses tribuns. De là , cette modération et cette prudence qui , ne laissant pas la voie ouverte aux entreprises d'un ambitieux, ôtaient toute raison de défiance contre les citoyens.

Non-seulement je ne crois pas qu'un peuple soit moins ingrat qu'un prince, mais je pense tout le contraire : il comprend, distingue et connait moins bien que ne le fait un prince. L'envie trouve un accès plus facile dans l'âme des hommes du peuple auxquels toute supériorité, soit de naissance, soit de richesse, soit de vertu ou de réputation, est ordinairement insupportable : rien ne leur déplaît tant que de voir d'autres citoyens doués de qualités qu'ils n'ont pas, et toujours ils désirent les abaisser. Il n'en est pas de même chez un prince ; il n'est pas envieux de ses inférieurs, et lorsque la grandeur des autres ne sera pas telle qu'elle puisse exciter ses soupçons, elle ne lui sera pas importune.

Si Rome s'est montrée moins ingrate, c'est que le

gouvernement y était mieux ordonné ; mais elle n'en a pas moins donné des exemples d'ingratitude, envers Camille dont l'exil n'a pas d'excuse ; envers Fabius Maximus qui, pour avoir pris le véritable moyen de défendre Rome contre Annibal, se vit honteusement rabaissé au rang de maître de la cavalerie ; envers Cicéron qui avait étouffé la conjuration de Catilina ; envers Metellus, Publius Rutilius et tant d'autres hommes à la fois illustres et innocents qui furent ou condamnés ou envoyés en exil. Je m'étonne qne l'auteur du discours trouve des excuses pour ce qui advint à Scipion, en attribuant au soupçon ce qui était dù uniquement à l'envie et à l'ignorance. De son temps, Rome se gouvernait de manière à n'avoir rien à redouter de quelque citoyen que ce fùt. Quelle frayeur pouvait lui causer la grandeur de Scipion appuyée, non sur un parti d'hommes dévoués à sa fortune, mais sur la seule autorité que lui donnaient dans la ville ses mérites et sa vertu ? En se déclarant contre lui, Caton céda soit à une inimitié particulière, soit à la haine qu'il porta toujours à la noblesse ; l'intérèt public n'y entrait pour rien. Cette ingratitude n'est pas excusée par la sainteté de ses vertus : tout recommandable qu'il fût par l'antique sévérité et la pure austérité de ses mœurs, il n'en était pas moins entaché d'ambition, persécuteur de la noblesse, intempérant de langue et d'une nature acerbe.

Il est tout à fait contraire à la vérité que, dans une république encore non corrompue, il soit utile à la liberté que quelquefois le peuple offense qui il devrait récompenser, et tienne pour suspect qui devrait avoir sa confiance. Toute ingratitude, toute injustice est pernicieuse, et la république doit être pondérée de telle sorte que les bons y soient toujours honorés, que les innocents n'y aient rien à craindre. J'avoue cependant que c'est une faute moindre, de concevoir quelquefois de la défiance envers les bons que de se livrer aux mains des méchants. Mais cela ne fait pas que le moindre mal soit un bien, toutes les fois qu'il n'y a pas nécessité de choisir entre l'un ou l'autre.

Je loue un prince d'aller en personne commander les expéditions ; sa renommée en est bien plus grande, et il est beaucoup mieux servi par les troupes que lorsqu'il les donne à commander à des généraux. Il est peut-être même nécessaire qu'il agisse ainsi, quand il a usurpé le pouvoir ou lorsque son pouvoir n'est pas bien assis ; mais cela n'importe pas à un roi vraiment grand et légitime. Nous en avons tous les jours l'exemple parmi nos princes qui, bien qu'ils fassent généralement la guerre par l'entremise de généraux, n'en éprouvent pour cela jamais, ou très-rarement, aucun dommage.

OBSERVATIONS SUR LES CHAPITRES XXVIII XXIX, XXX

> « Que l'ingratitude des hommes ne vous dé-
> « tourne pas de les obliger. Faire le bien est
> « par soi-même et sans autre objet une chose
> « généreuse, presque divine : et la recon-
> « naissance d'un seul peut être telle qu'elle
> « compense l'ingratitude de tous les autres. »
> GUICCIARDINI. *Ricordi politici e civili*, XI.

Machiavel pense que si les Athéniens se montrèrent aussi ingrats envers leurs plus grands citoyens, c'est que, trompés par Pisistrate qui leur avait enlevé leur liberté, ils devinrent défiants et soupçonneux. Dans un autre chapitre (1), on trouve une réflexion bien propre à motiver cette défiance, et dont notre histoire moderne confirme bien l'entière justesse : « Si, dans une république, on voit se distinguer un jeune homme, grand par sa naissance et par des

(1) Chap. XXXIII.

qualités extraordinaires, tous les yeux des citoyens sont tournés vers lui, et concourent souvent à lui accorder, sans mesure, des honneurs et des préférences. Pour peu que ce jeune homme ait de l'ambition, réunissant et les qualités dont la nature l'a doué, et les faveurs de ses concitoyens, il parvient à un tel degré d'élévation, que, lorsque ceux-ci s'aperçoivent de leur aveuglement, ils ont peu de moyens pour le réparer. »

Guicciardini attribue l'ingratitude des Athéniens à la légèreté de leur caractère, et à leur gouvernement purement démocratique qui n'était pas, comme à Rome, tempéré par un patriciat. Sous la république romaine, le mérite seul ouvrait l'accès aux grands emplois civils et militaires et l'inconstance du peuple, en même temps que sa jalousie envers tous ceux qui s'élèvent, étant contenue par l'autorité du Sénat, les services rendus y furent toujours appréciés et récompensés. L'empire, au contraire, ne fut qu'une longue série d'iniquités et de crimes envers les plus grands généraux, les plus illustres citoyens. Pour échapper aux dangers qui les menaçaient constamment, leur seule ressource était de se faire oublier, comme on le voit par ce que dit Tacite en parlant d'Agricola. La plus grande faute qu'on pût commettre alors était d'acquérir de la gloire. C'est ce qu'exprime bien énergiquement le mot de Corbulon, général sous les règnes de Claude et de Néron, qui par sa valeur rétablit l'honneur de l'empire. Néron, par jalousie des services sans nombre qu'il avait reçus de lui, ordonna qu'on le fît mourir. Informé de cet ordre, il tira à l'instant son épée et s'en perça en disant : « Je l'ai bien mérité ! » Cette juste et amère parole eût été également bien placée dans la bouche du dernier des grands généraux que Rome ait eus à son service, de Stilicon, ce vandale que Théodose avait choisi pour le tuteur de son fils Honorius. Après avoir vaincu les Francs, repoussé les Goths, battu leur roi Alaric, anéanti devant Florence Radagaise le chef des Germains, il eut la tête tranchée à Ravenne par ordre de l'Empereur, son pupille et son gendre. Mais Alaric, qu'il avait vaincu, se chargea bientôt lui-même de le venger par le sac de Rome. C'est là que devait inévitablement aboutir la série de ces infamies, non moins stupides que monstrueuses dont, quatre siècles auparavant, Octave avait donné le signal en livrant à la vengeance d'Antoine, Cicéron qui avait tant fait pour lui-même et pour la république.

Et dans l'histoire moderne, — pour ne citer entre tant d'autres que quelques exemples de la plus noire ingratitude, — ne trouve-t-on pas Wallenstein, le vainqueur de Gustave-Adolphe, le héros de Schiller, assassiné à Égra par ordre de l'empereur Ferdinand à qui ses victoires venaient de rendre la Bohême, la Bavière et la Saxe ; — de Witt, le grand pension-naire de Hollande, qui par ses alliances et ses traités, avait si bien servi les intérêts de son pays, mis en pièces à La Haye par la populace ameutée contre lui ; — en France, sous Louis XV, le grand Dupleix jeté en prison pour avoir mis entre les mains de son pays les clefs de l'empire de l'Inde, et, pendant la Révolution, tant de braves généraux, de grands citoyens, d'hommes éminents dans les lettres, dans les arts, dans les sciences, trainés au supplice au milieu des huées de la foule ?

Ainsi, l'ingratitude se rencontre partout, chez les peuples comme chez les princes, et il est bien difficile de décider si les premiers y sont plus ou moins sujets que les seconds. Depuis Tacite jusqu'à Larochefoucauld, tous les moralistes l'ont décrite et analysée, comme un vice dont le germe est dans le cœur humain. Parmi ceux qui ont fait beaucoup d'ingrats dans leur vie, un grand nombre se laisse aller au découragement et à l'amertume : c'est à la fois une faiblesse et une erreur. Comme l'enseigne la religion, il faut pratiquer le bien en vue, non des hommes, mais de Dieu, c'est-à-dire des intérèts généraux de l'humanité, de la civilisation. Sans l'ingratitude, il n'y aurait aucun mérite à ètre bienfaisant ; et la satisfaction attachée à l'accomplissement d'un devoir, est précisément en raison de ce qu'il en coûte pour le remplir.

TABLE DES MATIÈRES

P. Trenel. — IMPRIMERIE POLYTECHNIQUE de St-Nicolas-de-Port (Meurthe).

9 782329 300030